WIZARD

トレーダーの メンタル エッジ

ジェイソン・ウィリアムズ [著]
ラリー・ウィリアムズ [まえがき]
長尾慎太郎 [監修]
井田京子 [訳]

自分の性格に合う
トレード手法の見つけ方

The Mental Edge in Trading
Adapt Your Personality Traits
and Control Your Emotions
to Make Smarter Investments
by Jason Williams, MD

The Mental Edge in Trading : Adapt Your Personality Traits and Control Your Emotions to Make Smarter Investments by Jason Williams, MD

Copyright © 2013 by Jason Williams. All rights reserved.

Japanese translation rights arranged with The McGraw-Hill Companies, Inc. through Japan UNI Agency, Inc., Tokyo

監修者まえがき

　本書はジェイソン・ウィリアムズ医師による"The Mental Edge in Trading"の邦訳である。著者はこれまでに、私たちの性格がトレードや投資での成功や失敗に与える影響について研究してきており、本書でその結果をつまびらかにしている。トレードにおけるメンタルマネジメントの重要性については、これまでにも多くの相場書で触れられてきたし、そのなかには『脳とトレード──「儲かる脳」の作り方と鍛え方』（パンローリング）のように、脳の構造や認知・意思決定の過程から説き起こした良書もあった。しかし、最適なメンタルマネジメントの有り様はあくまで個々人によって違うこと、そして、NEO-AC性格検査を受けることで自分の性格を詳しく知ることができることや、それに基づいて適したトレードスタイルを選択できるプロセスの解説まで踏み込んだのは、本書が初めてである。
　ところで、ジェイソン・ウィリアムズは医師であると同時に、あのラリー・ウィリアムズの息子でもある。著者はこの立場のアドバンテージをいかんなく発揮して研究を実施した。本書を読むと、多くの著名なトレーダーがNEO-AC性格検査を受けることだけではなく、さらにその結果を開示することまで了承していることが分かる。これまで、医師や研究者としての専門的な知識を持った人間が、個人的な体験やほかの分野からの類推に基づいてトレードにおけるメンタルマネジメントを語ることはあった。だが残念ながら、それらがどれも非常に薄っぺらな印象しか読者に残せなかったのは、個々人の性格とトレード結果との相関関係をハッキリと解き明かすための道具を持たなかったこと、そして考察結果が妥当であるとみなされるに足るだけの実証研究を行えなかったためである。著者はその障害を自身の社会関係資本の豊かさを使ってあっさりと乗り越えてみせた。その意味で本書は著

者にしか書けなかったし、今後のトレード関連のメンタルマネジメントの解説はすべからく本書の内容を参照したものでなければならなくなったと言えるだろう。

　そしてここで私たちにとって一番重要なことは、この本に書かれている内容は、多くの相場書にあるような一個人の思い込みや狭い範囲の体験に基づく記述なのではなく、客観的に妥当であると認められた広範囲にわたる実験や、特徴的なケーススタディーに基づいた社会科学研究の成果であるということだ。それが本書を、単なる読み物やハウツー本ではなく、だれもが信頼できる方法論を提供する唯一無二の存在にしている。考えてみれば、「マーケットで利益を上げるための方法論」に対するニーズは昔から非常に高かったにもかかわらず、具体的なメソッドを記した教科書がきわめて少なかったのは、なんとも不思議なことである。体系的な方法論に基づいた解説書が、本書に続いてより多く世に出ることを願うものである。

　翻訳にあたっては以下の方々に心から感謝の意を表したい。翻訳者の井田京子氏は分かりやすい翻訳を、そして阿部達郎氏は丁寧な編集・校正を行っていただいた。また本書が発行される機会を得たのはパンローリング社社長の後藤康徳氏のおかげである。

2013年8月

長尾慎太郎

私の人生に喜びを与えてくれる３人、リチャードとバイオレットとシルビアに捧げる。君たちを永遠に愛している。

目次

監修者まえがき　　　　　　　　　　　　　　　1
まえがき　　　　　　　　　　　　　　　　　　9
序文　　　　　　　　　　　　　　　　　　　　13

第1章
人間の心 ── 概論　　　　　　　　　　　17

第2章
脳はどのようにして心を生み出すのか　　21

第3章
脳の構造に関する基礎知識　　　　　　　23

第4章
精神生活を解釈するための4つの視点　　37

第5章
性格特性の概論　　　　　　　　　　　　45

第6章
性格はどこから来るのか　　　　　　　　55

第7章
性格検査　　　　　　　　　　　　　　　59

第8章
改正NEO性格検査の概要　　　　　　　65

第9章
五因子モデルの詳細　　　　　　　　　　71

第10章
性格の30のファセット　　　　　　　　79

CONTENTS

第11章
NEO-ACの評価の概要　　　　　　　　　83

第12章
性格スタイル　　　　　　　　　　　　85

第13章
パーソナリティー障害　　　　　　　　87

第14章
神経症傾向とトレード　　　　　　　　89

第15章
トレーダーのための認知行動療法　　　111

第16章
リスク回避とトレード　　　　　　　　125

第17章
誠実性とトレード　　　　　　　　　　141

第18章
楽観主義とトレード　　　　　　　　　155

第19章
興奮とトレード　　　　　　　　　　　163

第20章
幸せになるための秘訣　　　　　　　　167

第21章
依存しすぎるトレーダー　　　　　　　175

目次

第22章
ケーススタディー ── ラリー・ウィリアムズ　179

第23章
性格に関するケーススタディー
　　── ダン・ザンガー　197

第24章
性格に関するケーススタディー
　　── KD・アングル　203

第25章
性格に関するケーススタディー
　　── リンダ・ラシュキ　209

第26章
性格に関するケーススタディー
　　── アンドレア・アンガー　217

第27章
性格に関するケーススタディー
　　── ラルフ・ビンス　227

第28章
性格に関するケーススタディー
　　── スコット・ラムジー　237

第29章
ケーススタディー
　　──「完璧なトレーダー」　247

CONTENTS

第30章
依存的な性格 253

第31章
結論 257

付録A ── 性格特性のファセットの詳細 261
付録B ── 性格スタイル 277

まえがき

　親というのは、自ら子供に人生の教訓を与えたいと思っている。そして、子供から学ぶことはあまりないと思っている。自分も同じ道を通ってきたからだ。私も親として、きっかけを見つけて道筋を示さなければならない、と思ってきた。ところが、息子のジェイソン・ウィリアムズが書いた本書を読んで、その考えは一変した。
　私は、マーケットで50年近くトレードしているが、本書を読んで息子から教えられた。子供が先生になったのだ。最初に学んだのは、自分自身をよく理解しなければ、間違いを犯しても悪い習慣が直らないという現状を変えることはできないということだった。
　自分自身を知らずに、どうやって変わることができるだろうか。
　私は、マーケットについても、自分のトレーダーとしての性格もだいたい把握しているつもりだった。しかし、それはまったくの間違いだった。息子が用意した性格のプロファイル検査を受けてみると、すぐに自分の強みと弱みが分かったからだ。驚いたことに、これまでまったく気づかなかったことばかりだった。
　私は、自分が素晴らしいトレードシステムを開発できることは分かっていたが、それに従ってトレードすることがどうしてもできなかった。これまで行った素晴らしいトレードのほとんどは、自由なスタイルで行ったトレードであり、それは数学的な公式に集約することができなかった。しかし、検査を受けたことで、優れたシステムは作れてもそれに従えない理由が分かった。
　要するに、自分に合っていなかったのだ。私の頭はシステムを考えることができても、私の性格はそれに従うことができなかった。このことは、私にとって大きな発見だった。自分にとって最高のトレード方法がはっきりしたからだ。これで自分に合うトレード方法を探すこ

とができる。自分のトレーダーとしての機能に気づいたことで、どうすればトレードシステムをうまく使えるのか理解することができた。つまり、自分にとって最高のトレード戦略とトレードシステムの最高の使い方が一度に分かったのである。

検査の結果を見たときは、一種の「アハ体験」だった。そして、本能的かつ直感的に、私がトレーダーとして成功した理由と改善すべき分野が分かった。

私の場合、リスクが怖くてトレードを仕掛けられないということはない。そして、そのことは検査結果にも現れていた。しかし、私のトレードにおける最大の弱みが細部に注意を払わない点だということは今回初めて知った。私が細かいことに気がつく人間とはほど遠いことは明らかだが、この性格がトレードのさらなる成功を阻んでいたことは、息子の分析内容を読むまで気づかなかった。

本書を読むことで、読者が自分の性格について深い洞察を得ることを、私も息子も期待している。世界のトップトレーダーの性格を肩越しにのぞき込むだけで、それができるのである。

本書を読んで、私はトレードの成功に関するさらなる洞察を得ることができた。これについては、息子の研究に協力してくれた優れたトレーダーたちに感謝し、敬意を表したい。彼らが心と魂をのぞかせてくれたおかげで、普通の人たちでもトレードや投資を向上させることができるようになった。

私たちはマーケットについて学ぶときに、投資やトレードの本を読む。しかし、本書はそれとは少し違う。本書は自分自身について学び、成功したトレーダーがどのように考え、どのように反応しているのかを学び、あなたのトレードを改善するためのテクニックを学ぶための本なのである。

そこがほかの本とは違う点だ。これはあなたのために特別に書かれた本であり、紹介したデータはあなたのトレードを向上させるため

ものだと思ってほしい。

　敵と自分の両方を理解していれば、勝利は間違いない。

　そして、敵のことはすでに分かっている。あとは自分自身について知るだけでよい。

2012年（米バージン諸島セントクロイ島にて）

　　　　　　　トレーダー兼息子を誇りに思う父親
　　　　　　　　　　　　　　　ラリー・ウィリアムズ

序文

　もし生来の性格特性を評価したり測定したりする方法があり、しかも驚くほど詳細かつ科学的な正確さで分かるとしたらどうだろうか。さらに、もしあなたの性格特性を理解するためのデータがあって、それを応用すればあなた自身の性格に合わせた方法でより賢く安定的に利益を上げる優れたトレーダーになれるとしたらどうだろうか。

　実はそれがあるのだ。これからそのことについて話していきたい。

　私の名前はジェイソン・ウィリアムズ。成人精神科の医師で、博士だ。私は、アメリカ（もしくは世界）でも傑出した医療センターであるジョンズ・ホプキンス病院（メリーランド州ボルティモア）で精神科医として訓練を受けた。父は、世界で最も傑出した先物・商品トレーダーのひとりと言われているラリー・ウィリアムズである。ちなみに、私にとっては良い父親でもある。

　父と私は長年にわたって人間の感情と性格特性とマーケットにおける投機の成否との関係について考え、話し合い、議論を重ねてきた。これは私たち親子にとってお気に入りの話題であり、私たちの経歴を考えれば、この議論をさらに極めてその結果を本にまとめようと思ったのは自然なことだろう。

　私たちは、この分野の科学的な文献を詳しく調べただけでなく、独自のデータも集め始めた。2010年からは、厳選した一流トレーダーに標準化された性格検査（NEO PI-R）を受けてもらってきた。彼らはみんな非常に活発にトレードしており、長年（なかには何十年）にわたって安定的な利益を上げている人たちだ。検査を受けてもらったあとは、結果について本人と個別に話をすることで、優れたトレーダーについてさらに理解を深めた。その結果は本書のなかで紹介していく。

　この研究は、ちまたによくあるような無意味で実現性がなく、理屈

も通らない心理療法もどきのたわごとではないので安心してほしい。また、あなた以上に問題を抱えているような人が提唱している自己啓発的なものでもない。さらに言えば、あいまいな一般論のみの診断で、トレードについて何も具体的な対処方法を示さない簡単で薄っぺらい性格クイズでもない（インターネット上にもたくさんあるが、タダのものにはそれ以上の価値はない）。

　本書は、それよりもっと価値があるし、現実的だ。ここで紹介するのは、すべて現時点で解明されている人間の脳と精神生活（心理学）に基づいた科学的な原則である。私の知るかぎりで、トレードの成功と性格特性について本格的に掘り下げた初めての研究だと思う。

　激しく上下するマーケットで生き延びようとしているときに、感情を管理するのが大変なのは間違いない。マーケットが動くたびに、私たちの感情はそれぞれの性格に基づいて動き、反応する。感情がお気に入りのトレードシステムやマーケットの指標と同じくらい重要だということを否定する人は、現実から目をそらしているか、単なる「みなしトレーダー」かのどちらかだろう。

　実は、大学で習う典型的な金融論は、判断に伴う人間の生の感情を考慮していない。金融の世界ではみんなが合理的に行動するものと想定されているが、実際はそうならないことをみんな知っている。投資家やトレーダーの判断は、しっかりとした理論だけではなく、その人の生活のなかで生まれた感情にも左右される。

　私たちがトレードするときに、このような心理バイアスの影響を受けることは避けられない。自分自身の性格と気質と、それがお金にかかわる判断にいかに影響しているかを理解することは、高いリターンを上げたいと願う投資家にとって最も重要な課題なのである。性格や感情がトレードシステムを導入したり使い続けたりすることの妨げになるということを考えるとひるんでしまうかもしれない。そこで、本書では性格とそれがトレードに与える影響を把握し、それにどう適応

すればよいかを系統立てて説明していく。

　感情があることは避けられない事実である。そして、トレードには本物のお金がかかっている。リスクをとって、商品や株式、債券、通貨をトレードしているのだ。精神的な強さや弱さを理解し、それを取り入れることは、ほかのトレードの要素に劣らず重要なことと言える。経験豊富なトレーダーでさえ、トレード時の感情にうまく対処できていない人もいる。しかし、成功したトレーダーは何らかの方法で自分のなかのさまざまな性格に適合することを学び、その健全な適応力によってトレードにおける感情の問題を克服できるようになった人たちではないかと私たちは推測している。もしそうならば、彼らから大いに学ぶべきだろう。

　本書を最も効果的に活用するためには、まず一度全体に目を通してから、マーケットの状態や個人的な関心に応じて必要な章や項目を読み返してほしい。本題である性格とトレードの関係について書いてあるのは第15章からだが、それを理解するためには、性格と精神生活について書いた第1章から第14章までで基礎知識をしっかりと学んでおくことが大きく役に立つ。また、各章の最後には、重要な概念をメンタルエッジのヒントとして短くまとめてある。ここもよく読んでほしい。

　最後に、自分の性格特性を知り、それを世界標準やトップトレーダーと比較するためには、ある時点でNEO PI-R検査を受けるべきである。この検査を受けることで、自分の性格をトレードの成功につなげる方法を知るための第一歩を踏み出すことができる。NEO PI-R検査は、これを実施、採点、分析する訓練を受けた公認の心理学者や精神科医で申し込むことができる。

　私たちはこの知識の宝庫を活用して、あなた自身と、あなたの現在のトレード、そしてあなたがどうすればより効果的にトレードできるかを理解するための手助けをしたいと願っている。あなたの意見もぜ

ひ聞かせてほしい。

　　　　　ジェイソン・ウィリアムズ（emaildoctorj@yahoo.com）

第1章

人間の心 ── 概論

The Human Mind : A Primer

　あなたの精神生活（人間の心として知られている系統）はすべて次の3つの要素の組み合わせで定義できる。

1．思考
2．感情
3．行動

　この3つの構成要素は、別々のものではない。つまり、この3つには明確な境界線はなく、むしろ密接にかかわり合っている。例えば、あなたの考えはあなたの感じ方に明らかに影響を及ぼし、その感情（衝動）があなたを行動に駆り立てる、ということはよくある。しかし、この3つの分類は常識的に考えて分かる違いがあり、人間の精神生活を構成する枠組みを与えてくれる。私たちはみんなこの違いを理解しており、考え、感じ、行動することを区別して理解している。
　また、3つの要素それぞれが、良し悪しは別として、お互いをある方向に向けたり後押ししたりするということも知っておかなければならない（図1.1）。
　簡単な例で言えば、否定的な思考（「何でこんなバカなミスを犯したのだろうか」）は悪い感情（自尊心を傷つける、無能力感、無気力感、

図1.1　思考と行動と感情の切り離すことができない相互作用

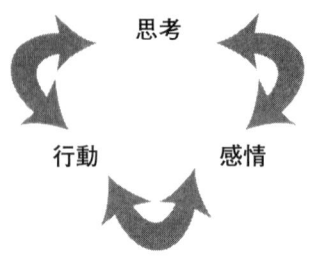

士気の低下、悲しみなど）をもたらし、このような感情は否定的な行動（「酒で憂鬱な気持ちを晴らそう」）につながる。しかし、ここでも矢印は両方向を向いている。飲酒で憂鬱を晴らせば、うしろめたく感じるかもしれない。

　人間の心の中核となる要素には、あとひとつ「潜在意識」がある。これはさまざまな文脈で使われている言葉だが、厳密な定義があるわけではない。また、潜在意識に入り込んでその思考や感情を観察したくても信頼できる方法もない。潜在意識を理解したりそれに入り込んだりできるなどと主張するのは勝手だが、それを科学的に検証することは現時点ではできないのである。このことは、潜在意識の重要性を定義可能な概念としてとらえるのが難しいことを意味している。そのため、この言葉は学術的な場面や科学的な場面では敬遠されることが多い。

　しかし、潜在意識が無意味だとか存在しないなどと言い切ることはできない。ただ、私たちの趣旨と目的を考えれば、人の心とマーケットトレードの相互作用を理解しようとする試みにおいて潜在意識は考慮しない。本書ではこの概念には触れずに、感情と思考と行動に専念していくことにする。

メンタルエッジに関するヒント

- そのときどきの自分の思考と感情と行動を認識し、同調し、その3つがどのような相互関係にあって、相互にどのような影響を及ぼしているかということを理解するよう常に心がける。
- 自分の潜在意識を理解しようとするのは、風を追いかけるようなことである。自分の意識（思考、感情、行動）を把握するだけでも難しいことなので、まずはそこから始めることを勧める。

第2章

脳はどのようにして心を生み出すのか
How Does the Brain Generate the Mind?

　脳はどのようにして心を生み出すのだろうか。答えは簡単だ。まだ分かっていない。

　プラトンの時代以来、哲学者や解剖学者は、人間の脳がどのようにして心（思考、感情、行動）を生み出すのかについて議論し、悩んできた。探究心あふれる果敢な科学者たちの何世紀にもわたる研究によって、人間の脳以外の臓器については、その組み合わせとそれぞれの機能がほぼ解明されている。例えば、心臓細胞のさまざまな部分とその役割についてはかなり詳しく分かっており、生きた心臓組織がほかの循環器に血液を送るポンプの役割については詳しく分かっている。同様に、肝臓、骨、膵臓などについてもかなり把握している。しかし、脳はほかの臓器とはまったく別物なのである。

　今日、神経科学が多方面に発展しているにもかかわらず（PETスキャンなどのハイテクな脳画像撮影方法、神経細胞や神経伝達物質のさらなる解明など）、脳と呼ばれる1300グラム程度の組織の固まりがどのように思考や感情や行動を生み出すのかについては最先端の科学者でも困惑し、手掛かりすらほとんどつかめていない。脳のなかには神経細胞があり、そこに何らかの電気化学信号が送られているということは分かっている。また、脳のなかには神経路や領域があり、それぞれに機能があるということも分かっている。しかし、どのようにし

てそこから人の意識が芽生えるのかという謎はまったく解明されていない。もしかしたら脳の組織と精神生活の関係は永遠に分からないのかもしれないし、いつの日か解明されるのかもしれない。今のところ、この「心と脳の問題」は私たちの理解をはるかに超えているのである。

　脳について語る人がいたとしても、脳を理解して話しているのでないことだけははっきりしている。

メンタルエッジに関するヒント

- 頭の中のメインフレームは、人類が知るなかで最強かつ最速のコンピューターで、宇宙で最も複雑な「物」である。考えてもみてほしい。世界中のスーパーコンピューターは、人間の脳が設計し、プログラムしたものなのである。人間の脳の素晴らしさと正確さに感嘆してほしい。
- 脳と心の探求をあきらめてはならない。今この場でできることに集中してほしい。

第3章

脳の構造に関する基礎知識

Anatomy of the Brain 101

　脳が心を生み出す仕組みはまだ解明されていないが、脳の各領域の役割とそれがさまざまな経路で相互につながっていることについてはかなり解明されている。

　脳が「右脳」と「左脳」に大きく分けられることは広く知られている。しかし、まずこのことを記憶から消してほしい。よく「私は右脳人間だ」などと言う人がいるが、それはバカげている。右脳と左脳に多少の違いはあっても、共通点のほうがはるかに多いからだ。そして何よりも、脳の両側は常に一緒に働いている。右脳と左脳は独立した動きをするわけではない。脳は１つの臓器として作動しているのである。

　実際の脳は階層構造になっており、脳の表面（大脳皮質）と深部（辺縁系）に分かれている。これから紹介する脳の構造は、説明が大幅に簡素化してはあるが、トレードや投資に活用するという目的においてはこれで十分だろう。

　トレードは、入手できるすべてのデータを分析し、その時点でとれる行動のメリットとデメリットを考慮し、論理的な結論を導くという論理的な活動だと多くの人が考えている。それほど単純であればどれほどよいだろうか。

　もちろん、頭が良い人はトレードもたいていうまくいく。トレーダーにとって、論理的に理由づけができることは価値ある資産と言って

よい。そして、長年の間に実社会の経験から得た実践的な知恵も役に立つ。しかし、知性がすべてでないことは明らかだ。

実際、成功したトレーダーのなかにはごく平均的な知能指数の人もたくさんいる。その一方で、ものすごい天才がトレードで惨敗することもある。例えば、アイザック・ニュートンは単独で万有引力の謎を解明し、宇宙全体の運動の法則も発見した天才だ。しかし、引力や下落や暴落についてよく知っているはずの彼が、バブル相場で感情に負けて1720年の株の暴落で大損を被ったことを知っているだろうか。大天井に達したマーケットの興奮に踊らされて、最悪のタイミングで株を買ってしまったのだ。

かわいそうなニュートン。しかし、彼を惑わせた誘惑は、今日でも多くの優秀な初心者の投資家やトレーダーを破綻させている。みんなマーケットの大天井で熱狂的に買ってしまい、マーケットが安値を更新して手遅れになってからパニックに陥って売ることになる。これは昔から変わらない感情のパターンなのである。みんな安く買って高く売るべきだという理論は分かっている。しかし、実際には感情的に踊らされて、その逆をしてしまうことが多いのである。

バック・ロジャーズ（SF小説の登場人物ではなくIBMの元副社長）の名言を紹介しておこう。「人は感情で買ったあとに、それを理論で正当化する」

この言葉は、買い（または投資）の判断を論理ではなく感情のみに基づいて下してしまうことが多いという事実を言い当てている。事後にこの判断を論理で正当化したとしても、判断自体は感情によるもので、理論は二次的な役割しか担っていない。

最近、何かを買ったときのことを思い出してほしい。例えば、携帯電話を買ったとき、市場にあるすべての製品を徹底的に調べ、比較したうえでメーカーや機種を決めただろうか。仕様書をすべて読んで、分析し、機種ごとの細かい仕様や特徴や価格の違いを確認したうえで

選んだだろうか。

　それとも、主な仕様をざっと見ただけで、「カッコいい」から（シャレたデザイン、つい買いたくなる宣伝文句、流行のスタイルなど）買ったのだろうか。つまり、これだ、という「感情」に基づいて買ったのだろうか。それともただ欲しいという気持ちだけで買ったのだろうか。

　「購入者の後悔」という言葉には、実は深い意味がある。感情に任せて買っても、家に帰って包みを開くと初めていくつかの欠点に気づく。買うまでまったく気づかなかったり、大事だとは思えなかったりしたことだ。例えば、スピーカーの音量が小さいことに気づき、実はそれがあなたにとって最も必要なことだったなどということが起こる。あるいは、数日たってから、もうすぐ発売される新機種の発表があり、そのほうがもっと「カッコいい」かもしれない。もう少し調べておけばよかった。もちろん店側はそのことをよく分かっている。だから15％の返品手数料を設定しているのだ。

　しかし、私たちはこのようなことが起こっていることに気づかないことが多い。感情が私たちに与える影響について深く考えたことがないからだ。

　なぜそうなるのだろうか。その理由は、私たちの体の構造にある。

　前述のとおり、私たちの脳は外殻と内側の核という2つの部分から成っている。脳の殻は大脳皮質で、最も外側の層になる。脳の前のほうにある皮質は私たちが意図的に使う部分で、ほかの領野は私たちが気づかなくても働いている（情報を受け取り、解釈し、処理している）。一方、核の部分は殻の下に位置しており、辺縁系と扁桃体で構成されている。この部分は、皮質下部と呼ばれることも多い。

　脳の中心部は感情や記憶を作ったり蓄積したりするところで、外殻は複雑な思考や判断や行動などを画策し、起動している。**図3.1**を見てほしい。

図3.1　脳の基本的な構造 —— 中心の核と外側の殻

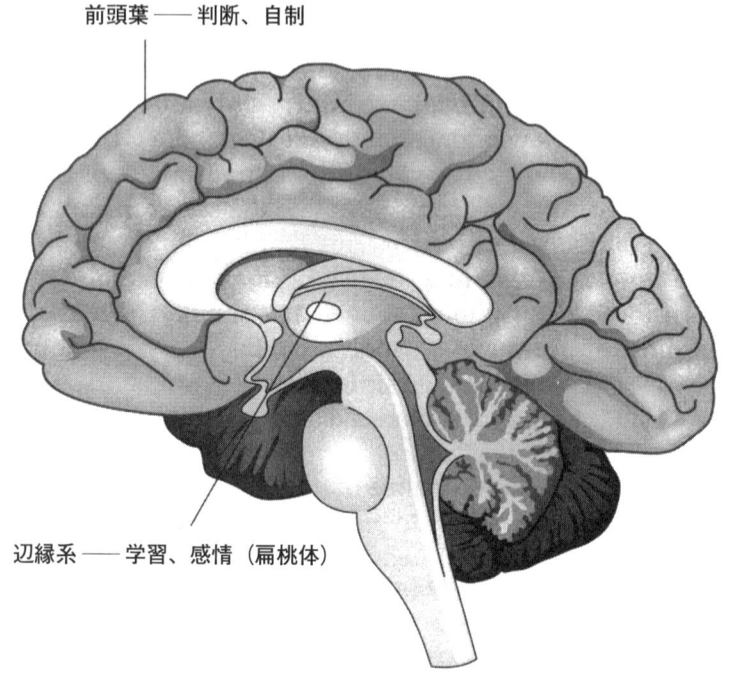

前頭葉 —— 判断、自制

辺縁系 —— 学習、感情（扁桃体）

　脳の核となる辺縁系は脳の中心部にしまいこまれており、太古の時代からあまり変わっていない。ここでは基本的かつ原始的な精神機能、つまり生存欲、恐れ、怒り、飢餓、性欲などの感覚を担っている。脳の中心部は、もともと白黒はっきりした判断を素早く下すことができるように作られている。つまり、この部分は「考える」のではなく、反応するのである。

　もしジャングルのなかを歩いているときに、突然木の陰からトラが現れたらどうなるだろうか。もちろん全速力で逃げる。この即座に逃げるという判断は、脳の構造と大きくかかわっている。前述のとおり、記憶（前にトラが出てきたときには、兄が殺されて食べられた）と感情（兄が死んでしまってさびしい）は核の部分に位置しているため、

私たちは危険な状況や敵から迷わず逃げることができるのである。

　進化という観点で言えば、外殻の大脳皮質はかなり最近になってから発達した。私たちの脳の外側にある大脳皮質は、人間とそれ以外の動物（霊長類を含めて）の違いでもある。この部分が、人間に知性と創造力を与えているのだ。大脳皮質のなかでも特に前頭葉は「脳のCEO」（脳の最高経営責任者）であり、物事を計画し、解釈し、体系化し、それまでの経験に基づいて結論を出し、理論や仮説を立て、損得を見極め、判断を下している。

　外側のもうひとつの重要な役割は、中心部のすることを制御し、調整することにある。例えば、もし脳の中心部が「大きな音がしたから怖がれ」と指令を出しても、外側が状況を分析して、その音が本当に危険だから逃げる必要があるのか、それともまったく害のないことだから無視してよいのか、むしろ大事な人の悲鳴ですぐに助けにいかなければならないのか、つまり、音から逃げるのではなく、むしろそこに急いで向かわなければならないのかを判断する。

　脳のなかには、2つの主要な経路があり、これがさまざまな刺激を伝達し、処理している。人間は日々の生活のなかで大事な判断を下すときに間接経路を使う。つまり、感情的な刺激は中心部（特に視床と呼ばれる領野）を通ってから外側の大脳皮質（分析するところ）に向かうのである。そのあと、大脳皮質は適切な反応を中心部のなかの偏桃体と呼ばれる領野に伝達する。**図3.2**はこの経路を表している。

　この間接経路は、スピードは遅いが正確に処理できるため、ここを通ったデータは精査されてから行動に至る。人間にはこのように特別な能力が備わっているため、たくさんの複雑な感情や知覚を大脳皮質で整理して良い判断を下し、責任を果たす（行動する）ことができる。

　ただ、この感情のデータの流れはよく「ショート」して、大脳皮質に行かずに直接経路に入ってしまう。そうなると、感情の刺激は大脳皮質を通らないため、自動反応を引き起こす。そのため、考えや理屈

図3.2　感情刺激を管理するための２つの経路

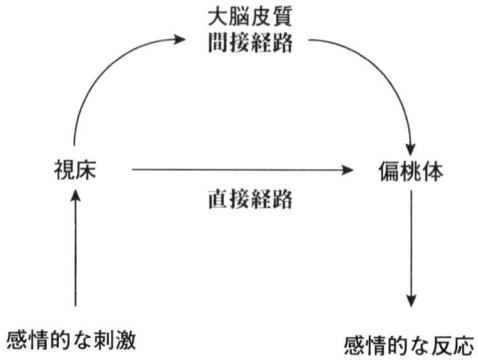

　ではなく感情に基づいた反応が非常に素早く起こる。ただ、素早く反応できる反面、直接経路に入ったデータは非常に粗い分析しかなされていない。

　例えば、ハイキングの途中で道に迷って荒野から抜ける道を探しているとしよう。炎天下で飲料水はなくなり、脱水症状になりかけている。助けを求めて歩き続けていると、目の端に大きなヘビをとらえた。あなたはまずおびえる。そして、立ち止まって逃げる用意をする。今、一番避けたいのは毒ヘビにかまれることだからだ。

　しかし、よく見るとそれはヘビとはまったく違った。形も大きさも色もヘビによく似ているが、植物の根っこだったのである。怖さは消え、あなたはまた歩き始めるが、そのとき植物の根には水分が含まれていることを思い出して立ち止まった。今必要なのは水分だ。そこで、引き返して根っこを拾い、かみ始めた。最初は危険だと思ったものが、天の恵みだったのである。

　刺激に対する最初の反応は、立ち止まって逃げる用意をすることで、このとき脳のなかでは大脳皮質を通らずに、雑で素早い直接経路が使

われた。しかし、少したつと、大脳皮質の反応が追いつき、間接経路で詳細な情報を使って、より良い判断を下したのである。

もちろん、もし本当に大きな毒ヘビならば、雑で速い直接経路に大いに感謝しただろう。つまり、両方の機能が常にうまくバランスしているのが望ましいのである。

荒野を抜けだす道をうまく探し当てるためには、論理的な脳と感情的な脳の両方（に加えてかなりの知恵と経験と単純に運）が必要で、同じことはマーケットでうまくトレードする場合にも言える。

しかし、大脳皮質が飛ばされてしまったり、大脳皮質がかかわる前に素早い直接経路を使って判断が下され、実行されてしまったりすることもある。道に迷ったハイカーの例で言えば、ヘビではなくて根っこだということに大脳皮質が気づく前に全速力で逃げてしまうこともあり得るのだ。そうなると、ショートして脳の原始的な部分で行った速くて雑な分析は有害にもなり得る。このように不適切で速すぎる直接経路を通ることは、最高に賢い人の脳でも起こる。なかには、自分の脳がいつもこのような動きをするようにあえてしている人もいる。

これには良い面もあり、それが本章で最も伝えたいことでもある。ありがたいことに、脳は訓練によって外側の部分が未熟な感情を感知し、解釈し、使うことができるようになるだけでなく、その部分に対する反応を調整することもできる。このような訓練は、認知行動療法（CBT）と呼ばれている。これについては、あとで1章をまるまる割いており、最新かつ人気の認知療法である認知バイアス療法（CBM）とともに紹介していく。

人によっては、感情の起伏を和らげたり抑えたりできるようになったほうがよい人もいれば、もっとそれに気づくようになったほうがよい人もいる。間接経路を多用して常に論理的な答えを探せるように自らを訓練した人もおそらくいるだろう。

ここで、スタートレックのミスター・スポックについて考えてみよ

う。感情をすべて排除して論理だけで判断する彼は、実社会ではおそらくやっていけない（もちろんトレードも含めて）。今にも襲いかかろうとしているトラに食べられる確率の変化を冷静に分析している間に、食べられてしまうからだ。

　しかし、ミスター・スポックのような人はあまりいない。ほとんどの人の脳では、奥にある古い部分に刷り込まれた力（感情）が理論や分析やそのほかの脳の新しい部分を簡単に打ち負かしてしまうことがよく起こる。そのため、あとから考えればまったく論理的でない行動でも、そのときのトレーダーの感情に照らせばまったく理にかなっていたのである。

　このように感情が論理的な思考のジャマをするパターンは、人間であることの一部であり、人類はそのようにして発達してきた。大事なことは、感情を完全に取り除くことではなく、それを正しく認識し、理解し、よりよく管理し、必要なときはそれを利用することなのである。私たちは、神が与えてくれた人間の知性や能力を感情が支配したり制御したりすることは望んでいないが、知性が感情を完全に抑え込んだり無視したりするのも同じくらい困る。トレードで、合理性のみを重視して感情を正当に評価しないことは、感情のみに頼り、抑えがきかず、理由の裏づけがないトレードと同じくらい命取りになる。もし、本当に行く手に毒ヘビやトラがいれば、心配が勝って飛びのきたいからだ。

　ジョージ・ソロスの政治理念に賛同するかどうかは別として、彼が現代における最も優れたヘッジファンドマネジャー兼トレーダーのひとりであることは間違いない。彼は、1995年に書いた『ジョージ・ソロス』（テレコムスタッフ）のなかで、背中の痛みをトレード判断に活用していたと書いている。

　　私は自分の動物的な勘に大いに頼っている。ファンドを活発に運

用していたときは、よく背中の痛みに悩まされた。鋭い痛みが襲ってきたときは、ポートフォリオのどこかに問題があるというシグナルなのだ。この痛みは、問題がどこにあるのかは教えてくれないが――腰の辺りが痛ければ空売りポジション、左肩ならば通貨などとはいかない――痛みがなければ確認しようとは思わないようなタイミングで、何かおかしいことがないか探すよう教えてくれるのである。

ソロスはもちろん正気だ。ただ彼が、背中と脳が神経を通じて直接つながっていることや、脳内の感情のストレスや機能不全が体や胃腸の異常（例えば、痛み）などの原因になる場合があることまではっきり理解していたかどうかは分からない。実際、医学には、脳と体の両方向のつながりを専門に研究する心身医学という分野もある。

いずれにしても、感情（またの名を「直感」「感覚」）は非常に重要で、無視してよいものではまったくない。自分の生の感情をどのように認識し、読み解き、管理すれば強みとして使えるのかということは、トレードの成功において非常に重要なのである。

しかし、直感がどれほど重要なのだろうか。あなたの内臓と脳をつなぐ神経は、迷走神経、または10番目の脳神経と呼ばれている。実は、迷走神経内の神経繊維の80～90％は求心性神経（データを抹消から脳に伝達する神経）で、その逆の遠心性神経（脳から抹消に伝達する神経）はわずか10％しかない。簡単に言えば、内臓やそのほかの臓器と脳の間の伝達量は大部分が脳に向かっていて、脳から出ていく分はほんのわずかしかない。つまり、内臓は常にニューロンの情報を脳に大量に送り込んでいることになる。あなたの内臓は脳に語りかけるのが好きだ。もしかしたら、トレードしているときは内臓の声を聞いたほうがよいのかもしれない。

もちろん、良いこともありすぎては良くない。脳の深いところが感

知し、介在する直感や第六感は投資家の武器庫において間違いなく大切な役割を担ってはいるが、脳のCEO（つまり大脳皮質）を支配するのではなく、あくまで従属的な役割を果たすべきなのである。

カナダ出身のジャーナリストで作家のマルコム・グラッドウェルは、2005年に発表して数百万部売り上げた『第1感──「最初の2秒」の「なんとなく」が正しい』（光文社）のなかで、突発的（衝動的）な判断が入念に計画して分析と熟考によって導き出した判断に匹敵することがある、と書いている。ただ、彼は有名な疑似科学者ではあるが、学術的な研究者ではない。彼の理論は、トレードのように大金がからみ、感情がジェットコースターのように目まぐるしく動く複雑な活動に応用すれば、明らかに破綻して欠陥が露呈することになるだろう。

グラッドウェルの主張に異を唱えたのが、ジャーナリストのマイケル・ルゴートが書いた『シンク──ワイ・クルーシャル・ディシジョン・キャント・ビー・メード・イン・ザ・ブリンク・オブ・アン・アイ（Think : Why Crucial Decisions Can't Be Made in the Blink of an Eye)』だった。グラッドウェルと違い、ルゴートはこの本のなかで精神の空洞化がアメリカ（実際には西欧文化圏）の衰退をもたらしたと書いている。彼は、簡単に思いついたような判断は社会にとって有害だと断言している。決定的な理由や事実ではなく、感情や直感に頼れば、結局は私たちの自由や生き方を脅威にさらすことになると主張しているのだ。

もちろん実際には、人は成功するために直感と分析を巧みに組み合わせてきた。マーケットへの投資も例外ではない。つまり、トレーダーは脳の外側と内側の両方を使わなければならない。感じることと考えることの両方が必要なのである。ただ、特定の瞬間に考えることと感じることを正しいバランスで行うのはとても難しい。

人間の脳は、とてつもない装置なのである。重さは体重の約2％しかないが、脳は吸い込んだ酸素の約20％とカロリーの約20％を消費し

ている。世間では、人は脳の約10％しか使っていないなどと言われている。しかし、私たちは実際には脳全体を常に使っている。ただ、脳のほとんどは、私たちが気づかないうちに活動したり機能を果たしたりしている。魔法のスイッチを入れるまで脳の90％が休眠状態で無駄になっているなどということはない。それは幻想で、この眠っている90％の部分に入り込んで活用すれば10倍利口になって生産性が上がるなどということもないのだ。

この90％という数字の本当の意味は、ある瞬間にあなたの周りで起こっていることの大部分が脳の10％を占める物事を認識する部分でふるいにかけられ、無視されているということである。あなたのメインフレームは、無意味な情報や周りの雑音をすべて解釈する余裕はない。それでは時間とエネルギーを無駄に消費してしまう。体中で感知する刺激をすべて同じように処理していたら、脳に負担がかかりすぎてしまうのである。

脳の奥深くにある部分では、無意識に多くのことがふるいにかけられ、高次脳機能を使って理解し、行動すべきことを決めている。この中心部は普通ではないことを感知すると警報を鳴らし、大脳皮質の注意を喚起する。最初に何百万という刺激をふるいにかけ、そのほとんどはいつもと変わりないのだが、目の前に何らかの変化や予期しなかったことが現れれば、脳の中心部は外側に注意をうながすのである。

脳の構造にはもうひとつ、次章以降を理解するために紹介しておきたい重要な領野がある。脳の中心部の奥深くにある側坐核という部分だ。側坐核の重要な点は報酬、快感、嗜癖などに関係する組織だということである。基本的な報酬と贅沢な報酬（動機づけがある）──食べ物、飲み物、セックス、家、良い匂い、音楽、きれいな顔、薬物など──は、どちらも側坐核内部のニューロンを活発化させて「快感」を生み出す。これらのニューロンは、活性化するたびに快感物質である神経伝達物質のドーパミンを「噴出」する。

私たちが生き延びるために、側坐核は欠かせない。人は基本的に喜びをなくすと、生きる気力を失うからだ。しかし、脳の快楽中枢に慢性的な刺激や過剰な刺激を与えると常習的な行動をうながし、ニューロンへの刺激が長く続くと、シグナルは弱くなっていく。そのため、それまでと同じ効果を得るためには、さらに多くの「薬」(かその役割を果たす物やこと)を消費したり、摂取したり、行ったりしなければならなくなる。耐性が上がると、さらに摂取しなければならなくなるのである。

　そうなると、快感を求めて賭け続ける規律のない投資家やギャンブラーの頭の中で側坐核が大きくかかわっていることが分かるだろう。そして、この悪循環は、一度始まってしまうと止めるのは難しい。

　トレーダーは側坐核について、お金(特に、お金を儲けたいという欲望や発想)が報酬系回路のなかのニューロンを激しく興奮させるということを認識しておかなければならない。ここでも、脳深部にある回路には、種の生き残りという明確かつ有益な目的がある。この目的はセックスやおいしい食べ物や何かで成功がもたらす快楽を得るとさらに強化されるが、それが過剰になるとその行為自体が本来の目的に簡単にとって代わり、悲惨なことになる。

　面白いことに、このような報酬系回路は、実際に報酬を得たときよりもそれを期待したときに特に活性化することが分かっている。報酬を期待したときのスリル(素晴らしいセックスや豪華な食事やお金儲けを楽しみに思うこと)は、報酬系回路を興奮させ、それは実際に目的を達成したときよりも大きな高揚感をもたらす。つまり、私たちの報酬系は、不確かな報酬を得るためにリスクをとるということ自体に報酬を与えるのである。これによって、私たちは皮肉にも未来が実際よりも素晴らしいと期待してしまう。要するに、脳は私たちをだまして期待に応えられないほど報酬系を強化させようとする。

　病院で空の注射器を目にしたヘロイン依存症患者は、抵抗しがたい

強烈な欲求を覚える。ほんのちょっとした視覚的なきっかけだけで、側坐核や報酬経路に高揚感があふれるのだ。この患者の報酬経路は暴走列車のようになっており、「薬を打つ」という習慣は、火に油を注ぐように報酬経路を強化していく。そして、ある時点で薬を打っても高揚感をほとんど得られなくなるのだが、報酬経路は過活動状態にあり、社会のなかで薬を連想させるもの（例えば、注射器）を目にしただけで、薬を欲する衝動に襲われる。

本書の後半で見ていくが、私たちにあらかじめ備わっているこの報酬系回路は、トレードしたいという衝動に駆られてトレードしてしまう先物トレーダーにとっては特に問題をはらんでいる。彼らはトレードしようと思うだけで期待と報酬回路が興奮する。このようなトレーダーは、本来はトレードを仕掛けるべきではないタイミングに、独自のきっかけで仕掛けてしまう。詳しくは後述するが、トレーダーのなかには、このような不適応な行動を特にとりやすい人がいる。そして、彼らのこの性格プロファイルが、報酬のポジティブフィードバックシステムに燃料を注いで悪循環に陥らせ、結局はマーケットで儲けるという本来の目的から外れるという大きなリスクに彼ら自身をさらすことになる。

当然、これまでの説明は過度に単純化してあり、人間の脳はそれよりはるかに複雑になっている。しかし、これから述べることをトレードに生かすために知っておくべき要点はおさえてある。

メンタルエッジに関するヒント

- 最も重要なことは論理と感情の正しいバランスを見つけること。
- 検証していない生の感情に論理的、演繹的、分析的思考のジャマをさせないと同時に、生来のミスター・スポック的性格にも直感をジャマさせない。どちらも、それが必要なときがある。

- あなたの脳内の報酬中枢は、楽しみは期待以上に楽しいのだとあなたをだますよう設計されている。これは非常に強力な経路で、一部のトレーダーにとっては大きな問題になり得る。

第4章

精神生活を解釈するための4つの視点
The Four Perspectives of Mental Life

　人間の精神的な症状や状態を理解するために最も役立つモデルは、ジョンズ・ホプキンス病院のポール・R・マクヒュー博士とフィリップ・R・スラブニー博士によって開発された。このモデルの根底には、人間の心や精神生活とそれがどこでうまくいかなくなるかは、すべて4つの標準的な手法または視点で解釈できる、という考えがある（「The Perspectives of Psychiatry, second edition」）。それぞれの視点は、結晶の1面（ファセット）のように、その人の心のさまざまな側面のひとつ、または全体に光を当てている。この4つの視点——病気的視点、多元的視点、行動的視点、人生的視点——は、それぞれが独立してさまざまな精神生活の状態や状況を見分けたり修正したりするために使うことができる。

　人間の性格の特性（特に優れたトレーダーの特性）を学ぶために、まずは4つの視点について簡単に説明しておく。そうすれば、なぜ性格について学ぶべきかが分かるだろう。

病気的視点

　病気的視点は、脳の構造やその機能などに識別可能な異常があり、それが原因で起こる実際の精神疾患（病気）や機能障害を扱う。つまり、

脳内の特定できる場所に病気による「壊れた部分」（または「壊れた機能」）があるケースである。これは病態生理学と同じように、壊れた部分がどのようにして病気の症状を引き起こしているのかが解明されている。身体の病気と同様に、精神疾患も予防や治癒ができるようになってほしい。心の病気のなかには、大鬱病性障害や双極性障害、統合失調症、さまざまなタイプの認知症などがある。

人生的視点

人生的視点は、人生のなかで経験するストレスによって精神生活に起きる現象を解明する。例えば、レイプの被害者が夜眠れない、出産直後に子供を亡くした母親が嘆いたり落ち込んだりする、戦場で暴力的な出来事や生死にかかわる経験をした兵士がトラウマによってフラッシュバックや過覚醒に悩まされるなどのケースがそれに当たる。このような人は本来、脳に問題はない（壊れた部分はない）。むしろこれは、正常で健康な脳が外因性の過剰なストレスにさらされたことで、第１章で紹介した精神生活の３つの部分（感情と思考と行動）のどれかが変化したことによって起こる。

行動的視点

行動的視点は、目標指向で目標駆動型の生活が病的特徴を持っていることに注目する。摂食障害、アルコールや薬物の乱用障害、性的障害などはこの視点を通して見ることができる。行動的視点を通して、生理的な欲求や条件学習、行動するかどうかの選択の自由などを見ることができる。また、行動がどのように始まるかを見ることで、どのような要素がそれを強化したり激化したりすることにかかわっているのかを説明することもできる。ギャンブル障害（もちろんこのなかに

はマーケットにおけるトレード依存症も含まれる）の始まりと悪化はこの視点を通して分かる。

多元的視点

本書の大部分で用いているのがこの視点だ。多元的視点は、人間の精神生活のある側面が量的な幅を持って起こるという概念である。言い換えれば、スペクトルを持つのである。患っているかいないかがはっきりしている病気とは違い、その中間もあることは程度の差はあれすべての人が生きている間にある程度は経験する。ここでは持っているかどうかではなく、ほかの人と比べてどの程度持っているかということに注目する。

私たちは、身体的特徴については多元的に考えることが多い。例えば、身長が良い例だ。たとえ世界で最も身長の低い人でも身長はある。もし、世界中の人の身長を計る気力があれば、結果を２次元のグラフに表すことができる。例えば、X軸を身長、Y軸を人数とすれば、**図4.1**のような典型的なベル曲線のグラフになるだろう。

このグラフでは、最も身長の高い人はベル曲線の右端、最も身長の低い人は左端、平均的な身長の人は真ん中に入る。多元的な特性の場合は、身体的なことでも心理的なことでもすべての人がベル曲線のどこかには当てはまる。

これは、病気的視点のような分類的な特性とは違う。持っているか持っていないかという分け方は、その中間の領域を持たない。ただ、身体的なことでも、例えば新生児の手に指が６本あれば、それは明らかに分類的特性と言える。

性格、成熟度、知性などの精神的特性は、本来分類的ではなく多元的なことである。身長や体重や皮膚の色などの特性は、程度の差はあれみんなが持っている。そのため、精神的特性は、さまざまな尺度や

図4.1 多元的な特性はX軸とY軸を使って表すことができ、きれいなベル曲線を描き出す。Y軸の最大値が中間値で、そこから左右に離れていくほど分布は少しずつ減っていく

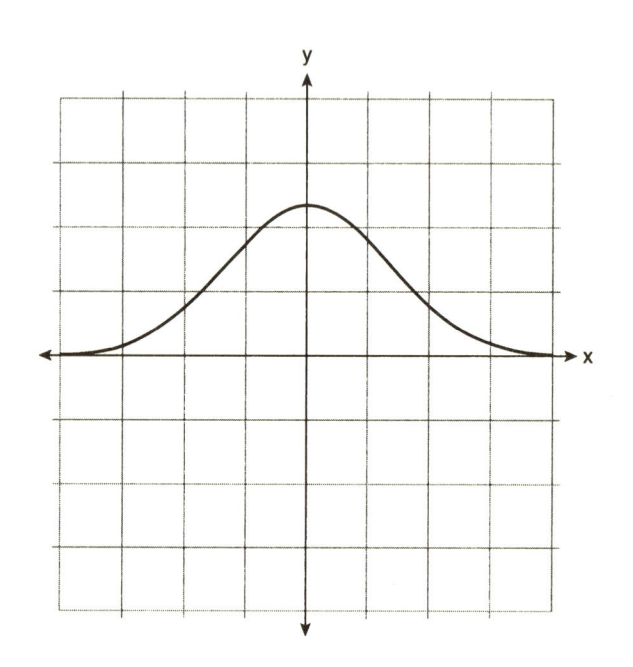

検査で測定できる。そして、測定結果をグラフにすると、身長のグラフと同じようなベル曲線になる。曲線の最大値は最も人数が多かったところで、ここが平均、または「中間値」となる。そして、この「中間値」から離れるほど人数は一定割合ずつなだらかに減っていく。この曲線には、急騰したり急落したりする部分がないことに注目してほしい。例えば、人の知性は標準的なIQ（知能指数）検査で測定でき、全人口の知能指数の中間値（平均）が100と決められている。同様に、性格の特性も診断が可能で、結果は必ずベル曲線になる。

　性格診断について最初に述べておくべき重要な点は、多元的尺度の一方の側が必ずしも「良い」とか「悪い」のではないということである。

確かに中間値はもっとも多くの人が得点したり測定されたりした数値ではあるが、実際には平均値ぴったりの点数をつける人はほとんどいない。つまり、知能指数の100はすべての人の平均点で、この点数の人が最も多かったということを示している。ただ、100となる点数をとった人の数よりもそうでない点数の人のほうが明らかに多い。つまり、ほとんどの人が中間値の右側か左側に入っている。私たちの半分は中間値よりも上の点数を取り、残りの半分は下の点数を取ったと考えてもよい。

性格特性のなかのいくつかの要素によって、精神的な悩みを持ったり間違いを犯したりしやすいという傾向が高い人や低い人がいることは分かっている。なかでもその人の心理的次元における相対的な位置は最も大きく影響する。全体の中間値から離れるほど、その人は特定の問題において脆弱になる。ただ、ここでも中間値の左右どちらかということだけでなく、どれくらい離れているかが重要になる。

例えば、精神遅滞（この言い方は最近この分野ではあまり使われていないが、知能指数が70未満の人を定義する言葉として浸透している）について見てみよう。知的障害のある人の問題解決能力は明らかに低いため、それが実生活で重大な結果をもたらすかもしれない。例えば、緊急時の脱出方法が分からず、家が火事になっても逃げ出すことができないかもしれない。ベル曲線の左に行くほど（知能指数が低いほど）、このような問題は顕著になっていく。これは言うまでもない。

ただ、精神遅滞の人たちが実は普通の人ばかりか知能指数が高い人たちよりも優れた能力を持っていることを知っているだろうか。例えば、精神遅滞の人たちの自殺率は、知能の高い人よりもはるかに低い。精神遅滞の人たちは、人生の問題を熟考するための認知的予備力（知的経験の蓄積）が低いため、自分の人生について悩んだりしない。そのうえ知性が低いため、複雑で致命的な「逃げ道」について構想することも難しい。要するに、彼らの限られた知性は、自殺に対する保護

因子として働いているのである。

　多元的な特性を測定するときに重要なのは、中間値のどちらかの側が良いとか悪いとかいうことではない。特に、性格特性についてはそう言える。もっと大事なことは、中間値からどれだけ離れているかと、自分の特性についてどれだけ認識しているか、自分の特性がもたらす弱さについてどれだけ注意を払っているか、そして自分の特性に適応するためにどれほどの経験を積んでいるかということである。そして、それができていれば自分の強みを最大限に生かし、弱みを最小限に抑えることができる。つまり、もし仮にマーケットのトレードで成功するために「勝てる性格」があったとしても、それ以外の人が「負ける性格」だからトレードの利益を期待できない、ということではけっしてない。

　ここで、身体的な次元である身長に話を戻そう。非常に身長の高い人（例えば元プロバスケットボール選手の姚明）は、特定の多元的特性（身長の高さ）を特定の数量（かなり）持っているため、それがある状況においてほかの人よりも有利であることを認識しているかもしれない。この極端な特性は、何百万ドルもの価値があるかもしれないし（例えばバスケットボール選手として）、少なくともスーパーマーケットの一番上の棚からイチゴジャムの瓶を取りたいときにはとても役に立つ。

　しかし、大きい人はドアでは必ず首をすくめなければならないなど、生活のなかで頭痛のタネが多いことも間違いない。また、姚明のように身長の高い人が、ちょうど良いサイズの服を買ったり、国内をバスで移動したりするのがどれほど大変かを想像してみてほしい。

　その一方で、非常に身長の低い人も自分の身長の利点と欠点に適応する必要がある。しかし、平均的な身長の人は自分の身長の高さに適応することを考えたり心配したりすることはなく、良くも悪くも身長について考えることはほとんどない。

メンタルエッジに関するヒント

- 性格は多元的なものである。極端に身長の高いバスケットボール選手の例は、多元的な特性を理解するうえでとても分かりやすい。非常に身長の高い選手は、スラムダンクしたり簡単にリバウンドしたりできるため、NBA（アメリカプロバスケット協会）で何百万ドルもの報酬を得られることは容易に想像できる。しかし、彼はドアを通るたびにかがまなければならないし、どれほどお金を持っていてもショッピングモールで気に入った服を買うことができない。これと同じことは、性格の特性についても言える。
- 自分の性格の特性にうまく適応するということは、極端な点数の項目を見つけ、それを受け入れ、それがどのようにジャマをするのかを理解したうえで利点として取り入れる方法を学ぶことでもある。本書は、この基本的な概念を常に念頭に置いて読んでほしい。

第5章

性格特性の概論

Introduction to Personality Traits

　性格特性は、個人が思考や感情や行動について一貫したパターンを示す傾向の次元と定義することができる。人はそれぞれ一定の幅のなかで認知能力（IQ）や年齢、体重、身長に違いがあるように、特定の考えや気分や意欲の傾向も違う。

　例えば、感情が安定していて冷静な人もいれば、感情が不安定な人もいる。他人を信用しやすい人（極端な人はうぶでだまされやすい）もいれば、まったく信用しない人（そのため他人との密接な交流があまりない）人もいる。ほかにも、楽観的な人と悲観的な人、依存的な人と自立した人、細かいことにこだわる人と大ざっぱな人など、さまざまな人がいる。

　どの言語でも、知り合いや付き合いのある相手の気性を表す形容詞がたくさんある。「彼は感じが良い」「彼女は社交的だ」などと言うのだ。実際、オックスフォード英語辞典を調べてみると、人の性格の特性を表す形容詞が4400以上見つかった。ただ、これらの形容詞は性格特性を表そうとするものではあるが、そのすべてが性格特性そのものではない。性格特性は、次の3つの条件を満たしていなければならない。

1．永続的——時間と共に大きく変わらない
2．広汎的——さまざまな状況や人生のどの場面においても一貫し

たパターンを示す
3．特徴的──簡単に特徴づけることができ、診断や理解ができる

　性格特性のなかには、特別の訓練を受けていない人にでも分かるほど明らかなものもある。しかしその一方で、生来備わってはいるが、特定の状況でしか分からない潜在的な特性もある。後者は、問題に直面したり挑発されたりしたときのみ表れる場合もある。
　人のさまざまな気性も、身長や知性と同じように、中間値の両側に広がるなだらかな傾斜のグラフで表すことができる（多くの人のデータをグラフにするとベル曲線になる）。
　ひとりの人の性格特性を要約すると、性格の「タイプ」として表すことができる。古代ギリシャの時代には、すでに気質について４つの主な傾向──多血質、胆汁質、黒胆汁質、粘液質──が記されていた。ギリシャ人は、４つの異なる体液の比率が人間の性格特性と行動に影響を及ぼすと考えていた。多血質（赤）は楽しいことが好きで社交的、胆汁質（黄）は野心的で指導者タイプ、黒胆汁質（黒）は内向的で思慮深い、粘液質は穏やかで冷静──という特徴があると考えたのである。そして、ギリシャ時代の偉大な医師ヒポクラテス（紀元前460〜370年）は、人間の４つの気質を医学理論にまとめ上げた。ヒポクラテスの時代から現在まで、これらの４つの気質（またはそれを若干修正した理論）は、医学や心理学や文学の本質的な部分となっている。
　頻繁に人間関係で問題を起こす人たちは、何らかの人格「障害」があると言われている。例えば、演技性人格障害（以前はヒステリー性人格障害と呼ばれていた）は、感情が極めて不安定で、自己中心的、自分に関心を集める行動をとる、派手、不適切に性的、浅はかな芝居がかった態度などと定義されている。
　人格のタイプは、分類して名づけるだけでなく、特定の感情がわい

ているときの反応の傾向を知ることが重要である。もちろん、特定の気質の人が特定の挑発に対してどのように反応するのかを百パーセントの精度で予測することはできないが、特定の性格特性を持った人たちが同じようなパターンで考え、行動し、感じる傾向があることは分かっている。このことはぜひ理解しておいてほしい。

この傾向について、知性の例で考えてみよう。特定の知能指数の高校生がSAT（大学進学適正試験）のどの問題で間違うのかを正確に予想することは不可能だ。しかし、普通は知能指数が最も高い生徒がほかの生徒よりも良い成績を収めることは予想できる。また、頭が良い子のほうが普通は、難しい問題で多く得点するということも予想できる。それどころか、知能指数が分かれば、その生徒の全体的な点数を、ある程度の根拠を持ってある程度正確に予想することさえできる。

しかし、試験日には生来の知性以外にも、朝何を食べたか、前の晩によく眠れたか、どれだけ勉強してどれだけ覚えているか、好成績を収めたいという気持ちがどれだけあるかなど、さまざまな変数がかかわってくる。これらの変数を考慮すれば、私たちはどの生徒が最も好成績を収めるかをかなりの信頼性をもって予想できる。ただ、最高の予想もたったひとつの要素で無効になる可能性がある。例えば、もし生徒が試験日に病気になれば、その子が知能指数に応じた成績を収めるという賭けは外れてしまう。

同様に、特定の性格特性や脆弱性を持った人が特定の課題やストレスのかかる状況でどのように反応するかも、ある程度の精度で予想できる。ただ、ここでもさまざまな要素がかかわってくるため、絶対的な予想は不可能だ。

ここで、もうひとつ重要なポイントがある。通常、ある人特有の性格特性の組み合わせは、時間が経過しても変化しない。性格は年を重ねても変わらない傾向があるからだ。脳が完成して身体的にそれ以上発達しなくなれば（平均的に23歳ごろ）、性格の特性もだいたい決定

する。確定するわけではないが、変わりにくくなるのだ。この重要な点については、性格を多少は変えることができるという証拠とともにあとでさらに述べるが、今のところは自分の気質を変える方法がほとんどない以上、残った選択肢はそれをよく理解し、それが自分の生活に及ぼす影響を経験しながらうまく適応して生活を改善できるよう努力するしかないということを覚えておいてほしい。

英語に人の性格を表す言葉が4000語以上あるのは驚きだが、これらの言葉の重要性はすべて同じなのだろうか。特定の状況においてどのように行動したり感じたり考えたりするのかを予想するのに科学的に役立つ言葉を見分ける方法はあるのだろうか。

ハンス・アイゼンク（1916～1997年）はドイツ生まれでイギリスに帰化した心理学者で、性格診断における最初の「大家」である。彼は今日では現代の性格分析の祖父と呼ばれている。アイゼンクは統計を用いた因子分析を人の性格に応用して、どの特性が最も重要で、検証可能かを見つけだした。因子分析とは、要するに数学と統計を使ってどれ（この場合は人の性格を表す形容詞）が凝集しやすいかを見つけ出す方法である。例えば、「社交的」「話し好き」「人づきあいが良い」という形容詞にさほど大きな違いはない。そこで、社交的な人ならば話すのが好きで人づきあいも良いだろうと推測できる。

アイゼンクの初期の実験のひとつに、1947年に行った下士官の性格特性に関する研究がある。彼は、さまざまな性格の相互相関性に因子分析を応用し、性格には2つの主な次元があることを発見した。

1．神経症傾向（N）
2．外向性（E）

NとEは「二大因子」と呼ばれることもある。面白いことに、これと同じことを、少なくとも理論的には、カール・ユングなどの心理学

図5.1 ２つの異なる性質特性である神経症傾向と外向性をXY軸上に描く

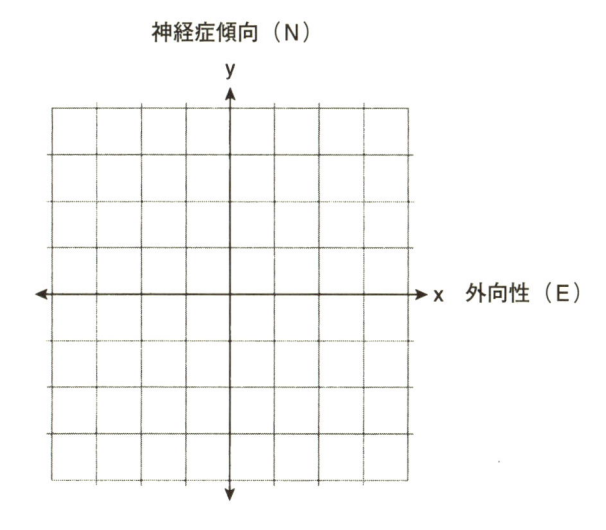

（神経症傾向（N）をy軸、外向性（E）をx軸とするグラフ）

者がすでに述べていた。実際、マクドゥーガルとサーストンが1930年に発表した論文には、すでに性格の「ファイブファクター」（五大因子分析）が紹介されている。これについてはあとで詳しく述べる。しかし、人には２つの主要な性格特性（NとE）があるということを最初に統計的に（理論だけでなくデータによって）示したのがアイゼンクだった。この研究によって、彼は現代の性格研究の先駆者として歴史に名を刻むことになった。

性格は、ＸＹ軸を使って表すと非常に分かりやすい。まずは神経症傾向（N）と外向性（E）を使って描いてみよう（**図5.1**）。

簡単に言えば、外向性（X軸）は人が感情（特に肯定的感情）を経験する速さを表している。前述したとおり、ベル曲線ではすべての人を２つのグループ――中間値の右側（外向性）に入る人と左側（内向性）に入る人――に分けることができることを思い出してほしい。

それでは外向性（E）が高いというのはどういう意味なのだろうか。

これは単純にパーティー好きの人ということではない。外向性が高いとは、何かのきっかけやさまざまなストレス要因に対して肯定的な感情が非常に速く現れたり消えたりするということを意味している。つまり、このタイプの人は、周りの人たちに素早くなじむことができるため、パーティーを盛り上げることもできる。

　また、外向性の人は、何かが起こったときに、それが意味することをすぐに感じとることができる。そのため、彼らは事前に計画したり結果に対して備えたりしないことが多い。彼らは基本的に今を生きている。外向性の人は社交的で温かく、今いる状況に対応できる。彼らは「外的統制型」、つまり外的要因（音楽、ダンス、スポーツ、ほかの人たち、場合によっては薬物やアルコールなど病的な要因）によって幸せになることを期待する。しかし、うまくいかないときはそれを自分の責任ではなく、外的要因のせいにする。

　反対に、内向性の人は外向性（E）が低い。このタイプは日々の出来事に対して肯定的な反応がゆっくりと起こり、ときにはかなり遅れることもある。社交的な場面でも冷静で、なじむのが遅い。彼らの感情はゆっくりと沸き起こり、ゆっくりと消えていく。彼らは「内的統制型」、つまり幸せや人生の意味の源が自分の内的要因（祈り、瞑想、熟考）にあると考える。また、内向性の人は何かが起こると、すぐにそれが過去や未来に意味することを感じとる。彼らにとって今を生きることは難しく、何かあるとその前に起こったことやこれから起こることばかり考えてしまうため、今起こったことをありのままに評価することができない。

　また、外向性の人は、報酬に影響されやすい（つまり、肯定的な反応が効果的に働く）。反対に、内向性の人は罰に影響されやすい（建設的な批判が効果的に働く）ため、条件反射が形成されやすい。

　一方、神経症傾向（N）の次元（**図5.1**のY軸）は日々のストレス要因やきっかけに対する感情的な反応の強さと深さを表す。ここでは、

特に否定的な感情がかかわっており、このなかには怒り、不安、罪悪感、気持ちの落ち込みなどが含まれる。神経症傾向が高い人は、日々の出来事に激しく反応するが、神経症傾向が低い人の反応は弱い。ちなみに、「神経症的」「神経症」「神経症傾向」という言葉は問題をはらんでいる。理由のひとつには、これらの言葉の意味がこの1世紀ほどで若干変わったということがある。また、専門家の間で「神経症的」という場合は、継続的な内的不安や心配事、葛藤などを指すことのほうがむしろ多い。しかし、普通の人は、この言葉からウディ・アレンのようにいつも落ち着きがなくてイライラしている人を思い浮かべるのではないだろうか。残念ながら、それは今日、心理学者や精神科医が使っている意味とはかなり違う。

　例えば、神経症傾向が高い人のなかには、普通の状況ならば感情的にとても安定しているが、プレッシャーにさらされると気が動転してしまうという人もいる。神経症的な人は、日々のストレス要因のなかで、強い感情的な反応（特に否定的な反応）を経験する。

　ここで、極端に神経症的な人を描いてみたい。この人は、車で仕事場に向かっている。このときの彼に特に感情はないが、赤信号になってスピードを落とすと、突然まったく知らない人の車に追突された。この小さな事故によって、彼の感情は怒りとともに「爆発」する。烈火のごとく怒った彼は叫びながら車から降りると、怒鳴り、罵り、憤慨する。このときの彼は、怒りがあまりにも激しいため、本来すべきことができない。このような接触事故に遭ったら行うよう教わったはずの基本的な対応（車を路肩に寄せて保険の情報を交換し、目撃者を探し、写真を撮るなど）がとれなくなってしまったのだ。彼の感情的な反応は誇張され、適切に機能して正しいことを理論的に行う能力が損なわれてしまった。神経症的な人の場合、事故の直前までは完全に論理的で精神力があっても、それが感情によって完全に覆され、不安定になる。そうなると、落ち着きを取り戻すまでの間にいくつかの間

違いを犯す可能性があるため、よく気をつけなければならない。

　次に、同じシナリオで、運転しているのが神経症傾向がかなり低い人の場合を考えてみよう。彼は運転席から飛び出すのではなく、落ち着いて冷静に車から降りる。すべきことをすべて行い、追突した人と礼儀正しく保険の情報を交換すると、何事もなかったように会社に向かう。彼の否定的感情は、ストレスの下でも明らかに安定している。

　ここからも分かるとおり、私たち専門家は神経症傾向がある性格の次元について話すときは、たとえ一方の側が「良い」、他方が「悪い」という意味になったとしても、「安定」「不安定」という言葉を使うようにしている。

　実を言えば、第4章で例に挙げた2メートル超のバスケットボール選手と同じで、多少「神経症傾向」がある人にも利点はある。少し「安定」しすぎている人は、気をつけないと窮地に陥るかもしれないからだ。もし標準的な性格診断を受けて、そのときにベル曲線グラフの「不安定で神経症的」の側に入っていたとしても、全体の半分はその側に入っているのだからそうひどいわけがないということを思い出してほしい。

　性格について学ぶときに、もうひとつ覚えておいてほしいことがある。外向性と神経症傾向という2つの特性は直交しているということである。つまり、2つの次元は関連していないため、一方の次元の位置から他方の次元の位置を予測することはできない。このことは、どのような組み合わせでも2つの次元で測定すれば、全体が4つのグループまたは下位分類（**図5.2**の4つの象限）に分かれるということを意味している。そのため、ある人は「不安定（神経症傾向）で外向性」のグループに入り、別の人は「安定した内向性」かそのほかの2つのグループに入るのかもしれない。実は、この性格の「二大因子」（神経症傾向と外向性）で分類した4つの主要な性格タイプこそ、古代ローマ人がすでに記していた4つのタイプなのである。

図5.2　4つの主要な性格グループは、神経症傾向と外向性を、直交するＸＹ軸を使ってグラフにすることで分類する。

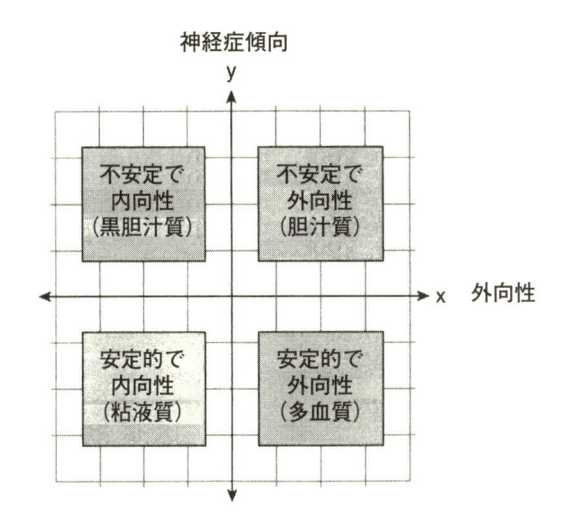

```
              神経症傾向
                 y
                 │
   ┌─────────┐   │   ┌─────────┐
   │ 不安定で │   │   │ 不安定で │
   │ 内向性   │   │   │ 外向性   │
   │ (黒胆汁質)│  │   │ (胆汁質) │
   └─────────┘   │   └─────────┘
                 │
  ───────────────┼───────────────→ x  外向性
                 │
   ┌─────────┐   │   ┌─────────┐
   │ 安定的で │   │   │ 安定的で │
   │ 内向性   │   │   │ 外向性   │
   │ (粘液質) │   │   │ (多血質) │
   └─────────┘   │   └─────────┘
                 ↓
```

　この「二大因子」（神経症傾向と外向性）については、これ以降の章でさらに詳しく述べていく。

メンタルエッジに関するヒント

- 特定の性格特性は数学的にほかの特性よりも重要かつ顕著で、すべての人をそのなかに分類できるということが統計分析によって証明されている。これをグラフにするとベル曲線になり、すべての人は平均（中間値）からどれだけ離れているかという基準で測定できる。
- 神経症傾向と外向性は性格特性の「二大」因子。これらの特性をＸＹ軸のグラフにすると、4つの性格タイプ（象限）に分類できる。
- 神経症傾向はストレス下における感情的な反応の強さで、特に否定的感情の強さで測定する。外向性は感情的な反応の速さで、特に肯定的な感情が起こる速さで測定する。

●中間値の左右どちらかが「正しい側」なのではない。大事なことは、中間値からどれだけ離れているかと、それにどのように対処しているかだということをもう一度思い出してほしい。

第6章

性格はどこから来るのか
Where Does Personality Come From?

　心理学者の間では、人の性格はどこで形成されるのかという議論が長年続いている。あるグループは「特性論」、つまり内的要因（遺伝子）が人の性格を形作ると主張する。それに対して、別のグループは「社会的学習論」、つまり性格はオペラント条件づけなど外的な力によって形作られると論じる。

　これが有名な「氏か育ちか」論争で、これは人間のほぼすべての状態（ガンでも糖尿病でもありふれた頭痛でも）について議論できる。私たちを構成するもの（内的なこと、遺伝子など）と環境（外的なこと、自分に起こったこと、自分を含めて周りの人たちに起こったことなど）の両方が人の病気や状態に影響を及ぼす可能性があり、同じことは性格についても言える。

　今日では、人の性格が形成されるうえで内的と外的の両方の要因が極めて重要だという有力な証拠が見つかっている。どちらかがより重要だということは言えない。人の性格において遺伝子の影響は45〜50％程度で、残りは生まれたあとに受けた力や経験した出来事の影響を受けることはさまざまな研究が示している。後者については、特に発達と形成の重要な段階である幼児期から思春期の経験が大きく影響している。

　例えば、ある研究によれば、母親のおなかから出たばかりの赤ちゃ

んでもストレスにさらされると自動反応と行動にはっきりとした違いが出るという。また、別々の環境で育てられた一卵性双生児（1つの卵子から生まれるため同じDNAを持っている）の性格に有力な遺伝的要素があることを示した研究もある。その一方で、経験を通した健全な養育と指導によって性格が植え付けられるという有力な証拠もある。

　実際には、だれでも性格の発達において内的な力と外的な力の両方の影響を受けており、むしろその相対的な影響について調べるべきである。そして、何よりも大事なことは、その人が困難に直面したときに見られる弱点や、困難な状況に対処する能力なのである。

　性格とそれがどのように形成されるかについては、新しい手掛かりが次々と見つかっている。fMRI（磁気共鳴機能画像法）を使えば、脳神経学者は脳のどの領野や領域が外的な刺激に反応しているのかが正確に分かり、その程度まで分かる場合もある。特性が脳のどの部分から発したのかを突き止めようという面白い研究も進んでいる。このような科学的な研究は、人がどのようにして与えられた状況を解釈（良いか悪いか、危険か安全かなど）しているのかを知る助けになる。

　サイエンス誌に発表されたスタンフォード大学の研究プロジェクトは、人は性格によって心地良いと思われる物や経験に対する反応が大きく違うということを示している（「Amygdala Response to Happy Faces as a Function of Extraversion」［サイエンス誌　2002年6月21日号］）。この研究は正式な性格診断によって外向性（E）を測定し、その値が高い人から低い人までさまざまな人たちを対象としている。実験は、被験者にfMRI装置のなかで幸福な顔や悲しい顔や怒った顔など複数の絵を見せるという方法で行う。すると、すべての被験者は――外向性の人も内向性の人も――敵意を持った顔や怒った顔を見たときに偏桃体という脳深部（核）にある小さい豆くらいの領野が反応した。しかし、悲しい顔を見せると、外向性の人の偏桃体だけが反

応した。この研究はさほど重要には見えないかもしれないが、私たちがどのような人間であるか（つまりどのような性格なのか）は脳の中の特定の領野と明らかにつながっており、少なくとも部分的には生物的理由によって決まるということを理解する助けになる。外向性の人と内向性の人の脳は、まったく同じ動きをしているわけではないのである。

しかし、社会心理学の分野にも、性格はその人が属している社会と社会状況によって形成され、生い立ちに影響されながら発達するという研究が数多くある。シェークスピアの言葉を借りれば、「この世は舞台、男も女もみな役者だ」。つまり、私たちはみんなそれぞれの役を演じている。しかも、社会ではひとりでさまざまな役割を演じており、その役割がある程度私たちのアイデンティティを形作っている。

私たちが演じる役割にはそれぞれに規則、つまり特定の状況で期待される行動や反応がある。このことに関する優れた研究が、被験者を恣意的に「看守」と「囚人」に分けて行動を観察した有名な「刑務所の実験」である。

メンタルエッジに関するヒント

●性格やアイデンティティは、遺伝子と外的な生活環境、特に脳が発達途中（20代初めころまで）に起こったことによって形成される。
●繰り返しになるが、すでに持っている性格を大きく変えることはできない。つまり、それをうまく利用する方法を学ぶしかない。

第7章

性格検査
Personality Inventories

　性格検査は、人間のさまざまな多元的特性を確実に査定したり測定したりするための検査で、通常は書面で質問に答える形で行う。これらの検査は、すべての人に使えることを意図して作られている。内容は、受ける人自身に関する直接的な質問で、構造的に作られている。すぐれた検査には、必ず検査の受け方について明確な指示がされている。

　自己申告型の性格検査の明らかな弱点、もしくは潜在的な欠陥は、受ける人が結果を操作するために意図的に違う答えを書くこともできるという点にある。検査を実施する側には、受けた人が内容をごまかしたりウソの答えを書いたりしていないと確実に分かる方法はないため、結果は参加者の誠実さに完全に依存している。

　このことは、例えば血液検査で心筋酵素の血中濃度を測定して心臓発作が起こる確率を調べるのとはかなり違う。血中の心筋酵素の量を改竄するのは非常に難しいからだ。しかし、このような本質的な弱点は、心理検査に限ったことではない。血液検査や尿検査を改竄しようとする試みももちろんたくさんある。プロのスポーツ選手が筋肉増強剤が検知されないように細工するのはその一例だ。

　良くできた性格検査には、誤った答えを見つける尺度が組み込まれており、それを使って点数を調整できるようになっている。それでも

正直な心理学者や精神科医は、性格検査にはせいぜい表面的な精度しかないと認めている。

性格検査は、臨床現場以外でも普通に行われるようになってきている。米国経営管理学会の最近の調査によれば、回答した企業の39％が採用選考の一部に性格検査を取り入れていた。これらの性格検査は、ビジネスパートナーや結婚相手、ルームメートなどを評価するためにもよく使われている。また、法律家が犯罪行為や証人尋問や陪審員選考などの分析にこれらの検査を利用することもある。

ただ、性格検査は楽しいものではないし、遊びでもない。注目すべき判例のひとつに、ジョンソン・エンド・ジョンソンの元社員ウィルソンが起こした裁判がある。同社が必要以上に繰り返し性格検査を受けさせたことで原告に精神的危害を与えたとして、470万ドルの支払いを命じたケースである。ウィルソンはこの裁判で、自分の性格を繰り返し綿密に調べられたことによって精神的負担と心痛を被り、神経衰弱になったと主張したのである。

性格検査にはリスクもあり、精神的に強くない人が受けると、その結果に引きずられて悪影響を受けるかもしれない。結果を聞いたことで、特定の状況においてある反応をすべきだと刷り込まれてしまうかもしれないのだ。そうなると、自分の性格特性に無関心になり、自分の性格タイプの説明に過度に依存するようになる。性格検査の限界と、検査結果がもたらす自己単純化のリスクを理解していない人にとって、性格検査は害になる可能性すらある。

性格検査は、さまざまな人がさまざまな検査を作成しているが、どれも成人の性格を客観的に測定するよう設計されている。検査によって理論的な違いや技術的な違いはあるが、どれも結果的には同じ基本的な特性（呼び方は違っても）を測定している。

繰り返しになるが、どのような性格検査でも全体から外れて極端な値を付けた特性を最も重視する。人はそれぞれ違っており、その人に

とって最も重要な特性や問題をはらんだ特性を知るためには「外れ値」に注目しなければならない。つまり、性格を数量的に評価できる検査が最も役に立つ。性格をさまざまなタイプに分類するだけで何らかの測定値や度合いを示さない類型学的な検査は、実際にはあまり役に立たないのである。

性格検査についてもうひとつ重要なことは、どれほど長くて詳細な検査をしても、ある特性についてすべての環境下での評価はできないということである。つまり、性格と日々の出来事に対する反応は、すべての状況において必ずしも同じとは限らない。検査で分かる反応は、特定の状況でのみ起こるのかもしれない。

例えば、ある人の衝動性に関する点数がかなり高くても、生活のすべての場面で衝動的なのではなく、だいたいにおいてそうなのかもしれない。もしかしたら食べ物に関しては衝動的になるが（チョコレートケーキの誘惑には勝てない）、買い物に関してはさほどではないかもしれない（テレビショッピングで見た服は我慢できる）。通常、衝動的な人は生活のさまざまな場面で衝動的な行動をとるが、すべての場面でそうなるわけではない。

また、性格検査は精神疾患や依存症などによって精神状態が改竄された人や錯乱した人が受けても有効ではない。これらの検査は精神の健康を保っている人のみが受けるべきものである。もしあなたが精神疾患に苦しんでいるのならば、治療を受けていてもいなくても性格検査を受けるべきではない。検査は、発病前の健康だったときの状態ではなく疾患をより反映することになるからだ。もしあなたが現在、鬱病や躁病や不安神経症や精神病を患っているのならば、専門家の下で正しい診断を受けてほしい。病気が治癒して正常なあなた自身を取り戻せば、性格を検査することができる。しかし、まずは病気を治してほしい。

次に、いくつかの一般的な性格検査を、その長所と短所を合わせて

紹介していく。

マイヤーズ・ブリッグス・タイプ指標

　マイヤーズ・ブリッグス・タイプ指標（MBTI）は、出会い系サイトや大衆向けの心理系フォーラムなどで広く使われている。この検査はカール・ユングの心理学的類型論をもとにして第二次世界大戦中にイザベル・マイヤーズとキャサリン・ブリッグスによって開発された。しかし、これを裏づける研究の半分以上を、この検査を販売している会社が独自に行っていることから、有効性にはやや批判的な見方がある。もうひとつの大きな欠点は、これが類型学的検査だということである。この検査で分かるのは16ある性格タイプのどれかということだけで、特性の程度が全体と比較して近いのか、それとも極端に離れているのかは分からない。

ミネソタ他面性格検査

　ミネソタ他面性格検査（MMPI）とその改訂版であるMMPI-2には、さまざまな性格の変数に関する幅広いデータとそれを支える強力な研究基盤がある。ただ、この検査はもともとの目的が精神病理学的な判定をすることなので（人格障害など）、穏やかで優しい人にはあまり役に立たない。MMPIとMMPI-2はどちらも矛盾した結果が出ることがある。これらの検査は、社会的地位や経済的地位が高い人が優位になるようバイアスがかかっており、若者には有効ではないと考えられている。

アイゼンク性格検査

アイゼンク性格検査（EPI）は「はい・いいえ」形式の検査で、理論に基づいたスクリーニング手段として役に立つ。質問が分かりやすい。通常、スクリーニング目的以外には勧めない。

改正NEO性格検査（NEO PI-R）

改正NEO性格検査（NEO PI-R）、NEO-ACとして知られているものは、今日最も研究が進んでいる信頼性が高い有効な性格検査である。これ以降、本書ではこの検査を紹介し、参照していく。

メンタルエッジに関するヒント

● 私たちが望むような完璧な性格検査を作ることはできない。ただ、今ある性格検査は不完全なツールではあるが、それでも役に立つ。性格検査（およびそのほかの心理的ツール）は、その限界と想定できる危険性を認識している経験豊富な専門家のみが管理し、採点し、評価するものとして作られている。

第8章

改正NEO性格検査の概要

Introduction to the NEO PI-R

　改正NEO性格検査（NEO PI-R）は非常に優れた性格検査である。この検査はNEO-ACとも呼ばれており、本書ではこの名称を使っていく。

　NEO-ACは、1985年にコスタ博士とマクレイ博士という2人の心理学者が開発した性格検査で、1992年に改正された。この検査は240問の質問に5段階評価（「非常にそう思う」から「まったくそう思わない」まで）で答える形式で行われる。質問は、小学6年生程度の学力があれば理解できるように書かれている。この検査は時間制限はないが、すべての質問に答えると平均で約40分かかる。質問や言葉の意味が分からないときは、検査の実施者に質問することもできる。質問のなかには一見ほかと似たようなものもあるが、これらは重複しているのではなく、消極的に同意した答えを照査して特定の尺度の傾向を見るためにある。

　NEO-ACの質問は、それ自体に「深い」意味があるわけではなく、その主な目的は性格特性を同じ検査を受けた人たちと比較することにある。つまり、検査を受けて自分の性格特性をほかの人たちの結果と比較することが目的なので、事後になぜそう答えたのかを解釈しても意味がない。

　この検査を受けたあるトレーダーは、「質問が若干矛盾していた。

例えば、明るい色や派手な物が好きかという質問があった。明るい色は好きだが派手な物は嫌いな私はどう答えればよかったのだろうか」と言っていた。繰り返しになるが、質問の内容よりも、それに対する反応がほかの受験者と比べてどうだったかが重要なのである。質問のできが悪いとか質問の意図が分からないというようなことでストレスをためないでほしい。気まぐれな質問や矛盾した質問に見えても、実際には結果がベル曲線のグラフを描くようひとつひとつ入念に設定され、言葉を吟味して並べてある。NEO-ACを受けるときは、考えすぎたり自分で精神分析しようとしたりしないでほしい。ただ、質問を読み、文字通りに受け止め、ひとつひとつできるだけ正直に答えていってほしい。

　NEO-ACという名称は、性格の５つの主要な特性を査定するという意味が込められている。これらは「五大因子」「五因子モデル」(FFM)などと呼ばれるときもある。

N　神経症傾向（Neuroticism）
E　外向性（Extraversion）
O　開放性（Openness）
A　調和性（Agreeableness）
C　誠実性（Conscientiousness）

　主要な五因子は、それぞれが６つの独立したファセット（部分因子）で構成されている。そのため、NEO-ACは30の異なる性格特性を査定することができる。これをもとにNEO-ACは５つの因子と30の部分因子の尺度を用いて、正常な成人の性格を総合的かつ詳細に評価していく。検査は、マークカード方式かコンピューター方式で受けることができる。検査の内容は著作権で保護されており、訓練を受けた専門家の管理の下で行わなければならない。

NEO-ACには短縮版のNEO-FFIもあり、これは質問が60問なので15分弱で受けることができる。しかし、この短縮版は五因子のみを評価するものなので、ファセットのレベルまで掘り下げた検査ではない。
　NEO-ACは対象範囲が限定的で、人のすべての性格を説明するものではないと指摘されることも多い。心理学者のなかには、この検査が意欲、つつましさ、ユーモアのセンスなどといった性格特性を見過ごしていると主張する人もいる。しかし、この検査に含めていない特性には、次のような理由がある――①文化や人種に関係なくベル曲線のパターンになることが確認されていない、②十分安定していない、③単純な筆記検査では簡単に説明したり測定したりできない。
　NEO-ACは完璧な検査ではないが、性格を評価するための検査としては現在あるなかで最高のものだと思う。この検査は簡潔で、正確で、十分検証されている。だからこそ、研究者や科学者が性格や心の仕組みについて学ぶために繰り返し利用しているのである。高水準の学術誌に掲載された膨大なデータにも、この検査が使われている。NEO-ACは世界中で代表的な性格診断方法として認められている。
　NEO-ACには、ほかにも次のような特徴がある。

- 臨床目的（人格障害の診断や治療）にも一般向け（例えば、就職試験）にも使える。病的な性格も、基本的な性格の正常変動に関連しているため、このツールはすべての人に適用できる。
- 1930年代にさかのぼる2つの独立した研究に基づいた「五因子モデル」（FFM）を用いている（形容詞評定尺度と性格・質問）。また、マクドゥーガル、サーストン、キャッテル、アイゼンクなどの研究成果を踏まえたものでもある。
- 心理学の有力な理論に基づいているが、一般的な言葉で記されている。
- 非常に信頼できる研究の裏づけがある最も有効な性格検査。経時安

定性と相互確認（相互観察）の効果があるとされている。
- 心理学の文献に出てくる主要なモデルすべてと関連性がある。
- 普遍性が実証されている（あらゆる年齢、性別、文化の人たちに適用できる）。
- 生物学的な根拠と遺伝学の裏づけがあり、さらには神経生物学や薬物療法の研究も取り入れている。

NEO-ACは複数の調査研究の裏づけがあり、次のような点が明らかになっている。

- 内部整合性——各ファセットのa係数は、自己報告式ならば0.56〜0.81、観察者記入式ならば0.60〜0.90。
- 再試験信頼度——サンプル数N＝2274人で調べた結果、6年と9年の安定性係数が五因子すべてについて証明された。
- 因子不変性（母集団が異なっても、因子が同じ観測数で測定され、その共通変数の影響力が一定であること）
- ほかの性格検査や形容詞リストとの相関性について収束的妥当性と弁別的妥当性がある。
- 相互確認ができる。
- 構成概念妥当性——NEO-ACは人の性格にかかわる複数の関連基準を予測する能力がある。このなかには、全体的な精神的充足、対処法と防御法、欲求と意欲、ユングの理論に基づいた性格診断、対人関係にかかわる特性、開放性、創造性、発散的思考、気質、被催眠性などが含まれる。

それ以外については後述する。

メンタルエッジに関するヒント

● 本書のこれ以降の内容を十分活用するためには、NEO-ACで自分自身の性格を診断しなければならない。ちなみに、これ以外の性格検査を受ける必要はない。

● NEO-ACを受けるときは、できるかぎり質問に答える。テストを受ける前に本書を読んだり30因子について詳しく調べたりした人は、どう答えるべきかとか、どのファセットに関する質問かなどということはできるだけ考えないようにする。質問にはできるだけ正直に答える。質問の意図を勘ぐると、答えに多少バイアスがかかるリスクがある。

● NEO-ACで測定しようとしているのは、あなたの「最初に浮かんだ考え」であって潜在意識ではない。1つの質問について数秒以上は考えない。また、自分を良く見せようとする答えを選んではならない。誤った結果が出れば、自分の本当の姿を見つけるという目的が果たせなくなる。

● NEO-ACは今日最も有効かつ信頼性のある研究証明された性格検査である。臨床心理学者や研究者が簡単かつ正確に人の気質を調べたいときに最も採用されている方法でもある。

第9章

五因子モデルの詳細
The Five-Factor Model in Detail

　NEO-ACという名称は、性格の五因子モデル（FFM）の頭文字から来ている。

1．神経症傾向（N）
2．外向性（E）
3．開放性（O）
4．調和性（A）
5．誠実性（C）

　頭の中で、ベル曲線のグラフを思い浮かべてほしい。五因子はそれぞれについてこのような曲線を描くことができる。さらに、ＸＹ軸のイメージも思い出してほしい。ＮとＥの関係をグラフに描くことができたように、五因子のどの組み合わせでもグラフを描くことができ、2つの軸が交差するところが両方の中間値になる。
　例えば、世界中の人の開放性（O）と調和性（A）をグラフにすれば、X軸とY軸それぞれに対してベル曲線ができる。このグラフでは、2つの軸が交差するところの近くにほとんどの人が入ることになり、そこから離れるほど人数は減っていく。**図9.1**を見てほしい。
　性格は、5つの因子のどれについても「平均」「高い」「かなり高い」

図9.1 2つの性格特性の関係を表したベル曲線の複合グラフ。結果は4つの異なる象限に分けられる。どちらの特性も、極端な値の人は非常に少ないということに気づいただろうか。つまり、ほとんどの人はX軸とY軸が交差する辺りに入り、そこから離れたところに入る人は少ないということになる

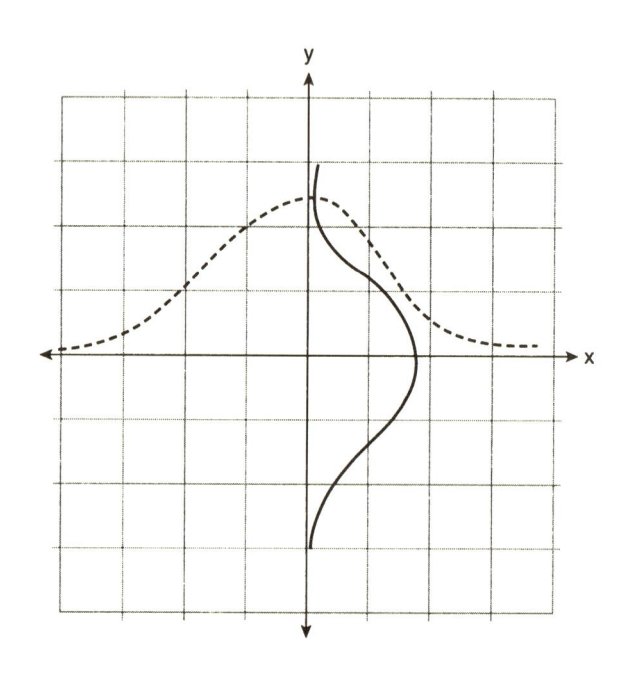

「低い」「かなり低い」で測定できる。繰り返しになるが、中間値からどれだけ離れているかによって、その特性が高いか低いかが決まる。

性格の主要な五因子を重症度別に簡単に紹介していく。「かなり高い」と「かなり低い」は問題もはらんでおり、「病的」にもなり得るという点に注目してほしい。

N 神経症傾向

●Nの値が高い人は感情的な傾向が強く、特に不安、怒り、罪悪感、

恥ずかしさ、悲しさ、困惑、嫌悪感など否定的な感情にそれが見られる。

● Nの値がかなり高い人は否定的な感情（不安、落ち込み、恐怖、緊張、過敏、怒り、落胆、恥ずかしさ、罪悪感、絶望）を常に持っている傾向があり、全体的に感情が不安定。不合理な考えを持つこともある。例えば、非現実的な期待をしたり、自分自身に完璧を求めたりする。ほかの人よりもストレスに対処するのがうまくない。事実無根の不調を訴えることもあり、例えば身体的にはどこも悪くないのに慢性痛やほかの症状を訴えたりする。無力感を感じて、ほかの人に精神的な支えや意思決定を求めたりする傾向があるため、経済的に依存したり困窮したりすることもある。衝動（食べる、飲酒、たばこ、薬物、散財など）を抑えることが難しい。また、批判を受け入れられない。他人と安定した関係を築くのが難しい。

● Nの値が低い人は、感情が安定している。プレッシャーの下でも冷静さを保つことができ、全体的に情緒が安定してゆったりとしている。ストレスがかかる状況でも困惑したり興奮したりしないで対処できる。

● Nの値がかなり低い人は、感情のなさから潜在的な問題（社会、健康、そのほかの分野）に対して適切な関心を持たない。感情の抑制がききすぎているため、人生を楽しむことも他人とかかわることもない。自分の感情のシグナルに気づくことができないことで損をしている。

E　外向性

● Eの値が高い人は、熱中しやすく社交的。大人数の集まりが好きで、自己主張が強く、積極的で、話し好き。自分ひとりの裁量で行動するとうまくいかないことが多い。興奮をもたらす外的な刺激や、幸せをもたらす外部要因を求めたがる。明るくて友好的。今を生き、

過去は無視して将来の計画も立てない。また、Eが高い人は熱しやすく冷めやすい。ひとりで過ごすのが苦手。
- Eの値がかなり高い人は、余計な話をして不必要に自己開示したり人間関係に支障を来したりする。ひとりで過ごすのが非常に苦手。ひたすら刺激を求めたり、注目を集めたがったり、感情を大げさに表現したりする。このような行動は、他人からは支配的に見える場合もある。見境なく性行動に走る人もいる。
- Eの値が低い人、つまり内向性の人は控えめだが愛想が悪いわけではなく、友だちもいる。ほかの人と比べて感情がゆっくりと沸き上がり、ゆっくりと冷める。リーダーや追従者になるよりも独立して行動することを好み、自らを主張しようとは思わない。怠けているわけではないが、一定のペースを保ち、独りでいるのが好きで、内的な刺激を求め、幸せは内部要因に見つかると考えている。過去を反省し、将来に備える。
- Eの値がかなり低い人は、周囲から孤立し、人間関係に無関心で生きることの楽しみや意欲がない。また、落ち込みやすい。たとえ十分な能力があっても、自分を主張したりリーダーになったりすることを嫌う。性生活は消極的で満足もしていない。

O 開放性

- Oの値が高い人は、想像力にあふれ、知的好奇心が旺盛で、新しいことを積極的に受け入れる。ときには変わった人と見られることもある。平凡で決まりきったことよりも変化を好む。新しい考えや型にはまらない価値を受け入れる。審美眼や芸術的センスがかなりある。自分の感覚に敏感で、それに同調し、肯定的な感情も否定的な感情も敏感に感じることができる。
- Oの値がかなり高い人は現実性に乏しく、突飛なこと（お化け、

UFO、生まれ変わり、神秘の力など）を真剣に信じている人も多い。また、間違った考えを信じたり、他人に利用されたりだまされたりすることも多い。思いつきや空想に夢中になることもある。自己認識が拡散している場合もあり（カルトなどに入信するかもしれない）、人生の目的が頻繁に変わる。悪夢や変性意識状態（日常的な意識状態以外の意識状態）に悩まされる人もいる。反抗的な態度や不適合は社会生活や出世の妨げになり得る。疎外感を感じることも多い

● Oの値が低い人は、頑固で独創性がなく、見た目も保守的。新しいことよりもなじんでいることを好む。
● Oの値がかなり低い人は、社会や自分の変化に適応するのが非常に苦手で、さまざまな考え方や生き方に対する許容度が低い。また、自分の感情的な反応や感じ方を認識したり理解したり、他人に伝えたりすることが苦手。興味の対象が限られていて、芸術や美しい物に対して鈍感で、権威には必要以上に従順。型どおりの考えや期待しか持っていない。創造性や想像力も乏しい。

A 調和性

● Aの値が高い人は、人間関係が良好な人が多い。他人を信じ、利他的。調和するのが好きで、他人が困っていれば同情する。困っている人は助けたいし、自分が困っているときにはほかの人が同じように助けてくれると思っている。
● Aの値がかなり高い人はだまされやすく、だれでも見境なく信じ、ついていく。率直すぎたり寛大すぎたりして損をすることもある。抵抗したりやり返したりできないため、人に利用されることもある。
● Aの値が低い人は利己的。疑い深く、他人の意図を勘ぐる。競争心が強く、協力的でない。意思が強く、周りと対立することもある。

- Aの値がかなり低い人は、他人を操ったり他人から搾取したりすることがある。しかし、その一方で不信感や被害妄想を持つこともある。家族や友人でさえ信用できない。短気ですぐに喧嘩を仕掛ける。ウソもよくつく。友人にさえ無礼で思いやりがないため、疎遠になって社会的な支援を失う。社会習慣を軽視して警察沙汰になることもある。自意識が高いため尊大で横柄な態度をとる。

C 誠実性

- Cの値が高い人は、規律や時間をきちんと守る。まとめたり計画したりする能力が非常に高い。取り組んだことは最後までやり遂げる。人生の目的を持ち、意志が強く、覚悟がある。そして誠実でもある。Cが高いことと学業や仕事の成功には強い関連があり、予想がつくことは複数の研究で確認されている。
- Cの値がかなり高い人は、ひどく潔癖で、衝動的。仕事やそれ以外のことにのめり込みすぎて、家族や社会や個人的な関心事を顧みず、やりすぎたり、仕事依存症になったりする。道徳的な行為に関しては過度に几帳面で、必要以上にきちんとしている。細かい部分を気にしすぎて全体が見えない（木を見て森を見ずのタイプ）。頭が固く、自分のために休憩を取ってリラックスしたり、楽しんだりすることなど考えられない。
- 反対に、Cの値が低い人は無頓着で計画性がない。周りからは、ずさんで信頼できないと思われている。自制がきかないこともある。
- Cの値がかなり低い人は学校の成績が悪く劣等生になり、生活にも仕事にもやる気をなくす。知的才能や芸術的才能も発揮できない。規則や常識や責任を軽視する傾向があり、それが法に触れる事態につながることもある。規律を守ることができない（ダイエットや運動を続ける、約束を守るなどができない）。ひどいときは医師の言

いつけを守れずに避けられたはずの病気になることもある。

　ここから分かるように、性格の5つの主要因子については、気質の特性のどれが「正しい」とか「間違い」とかいうものではない。これはむしろ平均（中間値）からどれほど離れているかと、その特性が特定の状況下でどのように表れるのかということが重要なのである。
　例えば、開放性（O）の値がかなり高い人は、悪徳商法にだまされやすい傾向がある。バーナード・マドフが起こした巨額詐欺事件の犠牲者のなかに、疑うことを知らない気の毒なOのタイプが多かったことは想像に難くない。もちろん、高リターンに引かれたのが投資の大きな理由ではあるだろうが、マドフの投資家の多くは無知な人たちではなかった。犠牲者の多くは宣伝されていた高金利が非現実的だということをおそらく分かっていただろうし、テレビ番組の「60ミニッツ」などで過去のネズミ講による詐欺事件についても知っていたと考えられる。おそらく彼らは投資アイデアに対して「無防備すぎる」ため、多くの人が敬遠した「うますぎる話」を信じて被害に遭ってしまったのだろう。しかし、Oが高いことが人生で有利に働くこともある。もしかしたら、詐欺ではなく本当に素晴らしい投資に最初から参加できるのもこのタイプかもしれない。

メンタルエッジに関するヒント

- 大事なことは領域のどちら側にいるかではなく、平均からどれだけ離れているかであり、何よりもそれをどう活用するか。中間値から離れるほど、その特性の問題が多くなっていく。
- 賢い人は、自分の性格特性を最大限利用する。彼らは、自分の性格の限界と弱さを知り、自分の行動や期待や感情的な反応をそれに積極的に順応させていく。

第10章

性格の30のファセット

The 30 Personality Facets

　NEO-ACの5つの因子は、6つの異なる部分因子（特性）で構成されている。この特性は性格の「ファセット」と呼ばれている。5つの主要因子と同様に、ファセットも多元的で、グラフにすれば中心値の両側に同じように分布するなだらかなベル曲線になる。

　付録Aに30のファセットすべての詳細を掲載しておくが、先に進む前に性格のファセットのリストを見ておこう。

神経症傾向
- N1　不安
- N2　敵意
- N3　抑うつ
- N4　自意識
- N5　衝動性
- N6　傷つきやすさ

外向性
- E1　温かさ
- E2　群居性
- E3　断行性

- E4　活動性
- E5　刺激希求性
- E6　良い感情

開放性
- O1　空想
- O2　審美性
- O3　感情
- O4　行為
- O5　アイデア
- O6　価値

調和性
- A1　信頼
- A2　実直さ
- A3　利他性
- A4　応諾
- A5　慎み深さ
- A6　優しさ

誠実性
- C1　コンピテンス
- C2　秩序
- C3　良心性
- C4　達成追求
- C5　自己鍛錬
- C6　慎重さ

30のファセットは、性格の特徴をすべて網羅しているわけではないが（辞書には形容詞が4000もあり、すべて調べると検査が長くて煩雑になりすぎる）、最も重要な特性で、研究者が継続して検証したりほかのツールによって相互検証したりできる項目が含まれている。

　訓練を受けた心理学者や精神科医が主要な五因子とそれぞれを構成する６つのファセットの検査結果を見れば、興味深いことが分かる――あなたがどういう人で、どういうことが好きで、どのような職業に向いているとか、恋人はどのようなタイプがよいかなどということまで分かる。つまり、30のファセットを使えば、偉大な先物トレーダーの頭の中ものぞくことができる。

第11章

NEO-ACの評価の概要
General Interpretation of NEO-AC Scores

　NEO-AC検査の結果を評価するときは、このツールがトップダウン、つまり階層的な評価だということを忘れてはならない。最初のステップは、主要な五因子すべての全体的な傾向を見ることで、特にどの因子が中間値から最も離れているのかを見る。そして、次に部分因子（ファセット）をひとつひとつ分析してその因子の値に最も貢献しているファセットを調べる。

　これはつまり主要な五因子のほうが各ファセットよりも「上位にある」ということを意味している。もしある因子（例えば「開放性」）が「低い」でもその部分因子のひとつ（例えばＯ３の「感情」）が「かなり高い」ならば、主要な因子（開放性が低いこと）のほうをより重視する。これは、「かなり高い」をつけたＯ３が重要ではないとか、役に立たないとかいうことではない。実際、これはこれで重要だ。しかし、通常はまず主要因子を見たあとでファセットを調べる。

　NEO-ACは、通常、主要五因子とそれを構成する30ファセットの値をそれぞれ算出し、「成人用の発達基準プロファイルシート」で点数とグラフを一覧にする。この基準シートは著作物なので、本書に掲載することはできない。しかし、NEO-ACを受ければあなたの結果を記した基準シートが手に入る。本書はそれを見ながら読み進めてほしい。

　基準は21歳以上の成人すべてに有効である。また、17～21歳の人に

は専用の発達基準シートがある。ちなみに、性格がまだ形成途中の17歳未満にNEO-ACは有効ではないとされており、受けさせるべきではない。また、男性と女性の性格特性が違うということは最初から分かっているため、それぞれに専用の基準シートがある。

　成人用の基準シートは基本的に前述のベル曲線の数値を表示している。統計の知識がある人のために書いておくと、このシートでは検査の点数を偏差値に直して表示している。偏差値は中間値を50とし、標準偏差を10としている。つまり、検査を受けた人の68.26％は1標準偏差（偏差値40〜60）、95.44％は2標準偏差（30〜70）、99.72％は3標準偏差（20〜80）に分布している（**訳注**　実際のシートは偏差値と素点を併記してあり、本書で具体的に点数を記してあるときの点数は偏差値でなく素点のほう。素点の最高点は因子・ファセットによって違うが、5因子は146〜180点、ファセットのほうは30点前後）。

　普通の人は、偏差値ではなく重度で考えればよい。成人用の発達基準プロファイルシートは、すべての因子とファセットの偏差値を次の5つの記述的範疇に分類する。

かなり高い
高い
平均
低い
かなり低い

　NEO-ACの点数を解釈するには、まず「かなり高い」や「かなり低い」に分布している外れ値をすべて見つけだす。これらが全体のなかで最も問題をはらんでおり、最も注目すべき特性でもある。通常、平均の範囲にある特性は無視してよく、「高い」や「低い」はある程度重要とみなす。

第12章

性格スタイル

Personality styles

　前述したとおり、性格の主要な5つの因子のなかの2つである神経症傾向（N）と外向性（E）をＸＹ軸のグラフにすると、4つの異なる象限ができる。この4つの象限を合わせて性格スタイルと呼ぶ。そして、4つのどこに入るかで、その人の性格スタイルの本質が分かる。

　例えば、誠実性（C）をＸ軸、開放性（O）をＹ軸にしてグラフを描いたとする。表記を簡単にするため、値が高ければプラス（＋）、低ければマイナス（－）で表すことにすると、結果は図12.1のようになる。

　主要な五因子を2つずつグラフにすることで、10の異なる性格スタイルを調べることができる。

幸福スタイル（ＮとＥ）
防御スタイル（ＮとＯ）
関心スタイル（ＥとＯ）
怒りの制御スタイル（ＮとＡ）
衝動の制御スタイル（ＮとＣ）
交流スタイル（ＥとＡ）
活動スタイル（ＥとＣ）
姿勢スタイル（ＯとＡ）

図12.1　CとOをグラフにすると、4つの性格スタイルが分かる

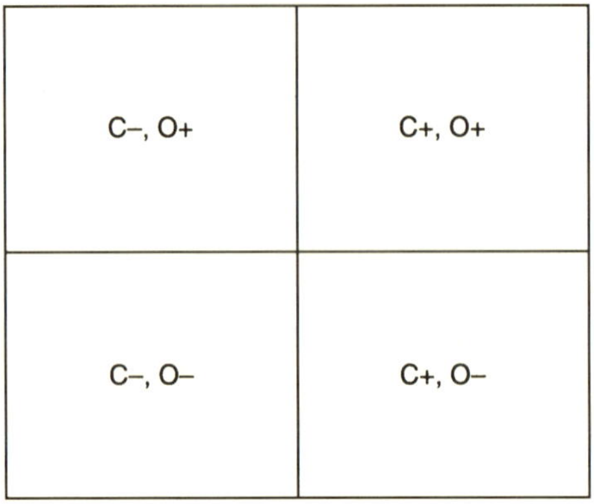

C−, O+	C+, O+
C−, O−	C+, O−

学習スタイル（OとC）
人柄スタイル（AとC）

　グラフは五因子のどの組み合わせでも描けるが、そのなかでも最も明らかな特性（最も中間値から外れている特性）に注目していく。もし、ある人は1つの因子（例えばA）がかなり高くて別の因子（例えばC）はかなり低く、それ以外はみんな平均ならば、その2つをＸＹ軸のグラフにして性格スタイルを見てみたい。もちろん「平均のなかの高め」と「平均のなかの低め」の因子を調べるのも面白いし役に立つかもしれないが、まずは外れ値を示した因子から調べていく。
　10の性格スタイルの詳しい説明は**付録B**に掲載してある。

第13章

パーソナリティー障害
Personality Disorders

　パーソナリティー障害という言葉は精神科医や心理学者が臨床で使うもので、社会に何らかの形で適応できない性格特性がある人を指す。パーソナリティー障害がある人は、自分の行動によって明らかに社会や仕事で問題が生じても、不適応な行為や考えや感じ方、姿勢、防御などを繰り返す。この障害は人間関係に大きく影響を及ぼし、人生を大きく破綻させ、ひどい苦しみをもたらす。パーソナリティー障害がある人は、自分で自分の特性を管理できず、心理療法やときには薬物療法が必要になる。反対に、パーソナリティー障害がない人は嫌な経験から学び、将来の悪い結果を避けるために行動や考えや感じ方を変えることができる。

　パーソナリティー障害がある人の不適応の症状やパターンや特性は、精神医学の分類書『ザ・ダイアグノスティック・アンド・スタティスティックス・マニュアル、第4版』(The Diagnostic and Statistics Manual, fourth edition、通称DSM-IV、精神障害の診断と統計の手引き)に詳しく紹介されており、ここでは簡単に述べるにとどめる。DSM-IVには全部で10種類のパーソナリティー障害が紹介されている。ここでは、NEO-ACの5つの因子がパーソナリティー障害やその症状と関係があることが実証されているということをぜひ理解してほしい。また、パーソナリティー障害は、正常な人を含めてだれもが持ってい

表13.1 パーソナリティー障害のファセットの点数の5つのパターン

パーソナリティー障害	ファセットの点数が高い特性	ファセットの点数が低い特性
自己愛性	N2, N4, O1, C3	A3, A5, A6
境界性	N1, N2, N3, N4, N5, N6	A1, A4, C1
回避性	N1, N3, N4, N6	E2, E3, E5
強迫性	E3, C1, C2, C3, C4	E6, O6, A4
反社会性	N2, E5	A2, A3, A4, A6, C3, C5, C6

る性格特性の極端な状態が極端に不適応を起こしているというだけだということも知っておいてほしい。

　パーソナリティー障害はどれもNEO-ACのファセットのいくつかが極端な値になる。**表13.1**に、パーソナリティー障害の人のファセットのパターンをいくつか挙げておく。

第14章

神経症傾向とトレード
Neuroticism and Trading

　これまでの13章を読んでくれた人は、性格特性の基本を理解したと思う。ただ、本書を買った人は性格について学びたいわけではないはずだ。本当に知りたいのは、「どの性格特性ならばトレードで成功できるのか」だと思う。そして、きっとそのあとには「どうすれば成功したトレーダーの性格になれるのか」を知りたくなるだろう。

　私たちは、自分の性格を大きく変えることがまったく不可能ではなくても、ほとんど無理だということはすでに分かっている。ただ、たとえそうでも、マーケットで成功したトレーダーに特有の性格プロファイルがあるかどうかを知りたくないだろうか。それに、うまくトレードできるようになる特性があるのかどうかも知りたいはずだ。もしあるのならば、自分をそれに適応させたり自分自身を調節したりすることで、自分の弱みを考慮し、補っていくとともに、自分の強みを最大限活用することができるかもしれない。

　繰り返しになるが、私たちは自分自身を大きく変えることはできない。しかし、大事なことは人生経験（良くも悪くも）と自分自身を深く理解することによって自分の性格に適応すれば、より健全で有利になるということである。優れたトレーダーの特性を学ぶことは、そのための最初のステップで、そうすれば自分自身と比較することができる。

そこで、まずは神経症傾向とトレードについて見ていこう。前述のとおり、神経症傾向は「二大因子」の1つである。しかし、トレーダーに関して言えば、これはおそらく「一大因子」と呼んでもよい。つまり、この因子は積極的なトレーダーの生活に良くも悪くも最もかかわっている。

　まずはロ、レーピン、スティーンバーガーが2005年に発表した研究（「Fear and Greed in Financial Markets : A Clinical Study of Day-Traders」）を紹介しよう。3人は、活発にトレードしている先物デイトレーダーで、あるトレードセミナーに参加した80人の協力を得て、彼らの性格特性と感情を観察した。セミナーには、初心者からベテランまでさまざまな人が参加していた。トレーダーたちは1カ月間、毎日気分に関するアンケートにその日の感情の状態と仕掛けているトレードの成績を書き込んでいった。結果は、感情的な反応の強さとトレードの成功を表す損益に明らかな関連性があることを示していた。日々の気分の評価を見ると、マーケットで感情の起伏をより抑制できた人は、トレード結果も良かったことがはっきりと表れていた。一方、緊張や感情の起伏に悩むトレーダーは、トレード結果がかなり悪かった。ここで注目すべきは、この結果が肯定的感情と否定的感情の両方に言えることである。つまり、勝ちトレードのあとの肯定的な感情（幸せ、楽しみ、喜びなど）のあとでも、負けトレードのあとの否定的な感情（怒り、不安、落ち込み、傷つく）のあとでも全般的にトレード成績がかなり下がったのである。

　ただ、実験を行った研究者たちはこの結果にかなり困惑した。実は、参加者80人すべてがNEO-AC性格検査を受けており、結局トレードの成功と神経症傾向の程度には相関性がないという結論に至ったからだ。そればかりか、残り4つの因子もトレードの成功との関係は見つからなかった。

　どうなっているのだろうか。なぜトレードの成功と神経症傾向に相

関性がなかったのだろうか。ひとつには、この実験ではNEO-AC検査の簡易版を使ったため、主要五因子を30のファセットの水準まで分類して調べていなかったということがある（それぞれの因子は6つのファセットで構成されている）。つまり、もし神経症傾向をファセットのレベルまで詳しく分析する詳細なNEO-AC検査を行っていれば、違った結果が得られていたのかもしれない。あるいは、ロたちの研究は、パターンを見つけるのにはサンプル数が少なすぎたのかもしれない。

リチャード・ピーターソンが共同研究者と発表した「2011マーケットサイクLLC」レポート（「The Personality Traits of Successful Investors During the U.S. Stock Market's "Lost Decade" of 2000-2010」）も、投資家の性格検査の結果に注目している。ピーターソンは未公表の白書のなかで、コンピューター方式の簡易版NEO-AC検査を受けた投資家2600人について述べている。これらの投資家がどのようなタイプなのか（長期か短期か、株、投資信託、先物、それ以外なのか）は明かされていないため、さまざまなタイプの投資家が簡単で速いオンライン検査を受けたと仮定する。そのうえ、この検査を受けた人たちが正確かつ正直に投資結果を答えたのかどうかを確認できないことは、ピーターソン自身がレポートのなかで認めている。ただ、それでもこの大規模な研究は、神経症傾向が低い人（および開放性が高い人）と投資の成功に最も高い相関性が見られたことを示していた。この結果は、ロたちの結論とは矛盾しているが、通常、研究規模が大きいほうが信頼性が高いという傾向はある。

なぜ、ピーターソンの研究で神経症傾向が低い「冷静沈着」な人たちは利益を上げていたのだろうか。その理由は第3章で見た脳の外側と内側の経路に関係がある。穏やかな気質で、感情が安定していて、リラックスしているトレーダーは、勝ちトレードのあとでも負けトレードのあとでも論理的かつ適切な判断を下すことができる。最近の勝ちトレードの素晴らしさも、負けトレードの恥ずかしさや悲しさや不

安や怒りも、次に優れた認知的判断を下すときの妨げになっていないのである。簡単に言えば、彼らは感情がジェットコースターのように上下してパニックを起こしたり感情だけに頼って慌てて判断を下したりしないように感情にうまく対処する態勢が整っている。また、トレード以外で起こった感情（例えば、夫婦喧嘩）がトレードのジャマをしないことも同じくらい大事なことだ。彼らの優れた認知能力と批判的思考能力は、感情によってショートしたりオーバーランしたりすることがない。

つまり、すでに公表されている研究によって、トレード中の感情の状態が極めて重要だということは分かっている。強い感情の起伏や感情的な反応は、生産性のジャマをする。勝ちトレードや負けトレードに感情的に反応することは、マーケットでの成功に悪影響を及ぼす。そして、このことは常識的にも理にかなっている。

しかし、なぜなのだろうか。それは、マーケットでのトレードがギャンブルではなく、技術的で知的な仕事だからである。純粋なギャンブルは、運（偶然）が勝敗を大きく左右する。しかし、マーケットでのトレードは、脳の高度な認知機能を頻繁に使う（理論的な理由、数学的計算、グラフや表でパターンやトレンドを認識すること、短期や長期の計画、責任者としての判断など）。このような脳の高次機能（前頭葉の皮質領域で行われる）を使う能力は、脳の奥深くの領野（辺縁葉）で起こる強い感情の起伏によって簡単に「ショート」してしまう。つまり、この研究によれば辺縁葉が前頭葉に及ぼす影響を抑制できるトレーダーは、トレードで成功する可能性が高いということになる。

2005年と2011年に発表されたこれらの研究はもちろん興味深いが、父と私はこれをさらに掘り下げていきたいと思った。そこで、私たちは独自の研究を始めた。まず、世界中から先物トレードで大成功を収めている一流トレーダーのみを選んでNEO-AC検査の完全版を受けてもらった。知りたかったのは、世界最高峰のトレーダーに共通する性

第14章　神経症傾向とトレード

格特性があるのかどうかである。もしあるならば、普通のトレーダーも自分自身をよりよく理解したうえでトップトレーダーの情報を参考にすればトレードの成功につなげられるかもしれない。

　私たちは、先の研究のように能力も経験もトレード結果も入り混じったトレーダーではなく、何年または何十年にもわたって成功し続けてきた先物のトップトレーダーの一群をこの研究のために厳選した。彼らは多額の資金を運用したり、トレード大会で優勝したりしてきた素晴らしい実績を持つ本物のトレーダーたちだ。この研究は、最初はほんの好奇心から始まり、父が最初に検査を受けてくれた。しかし、ほかのトレーダーたちと検査結果について話をするうちに、彼らのほうが結果を公表すべきだと勧めてくれ、それが本書執筆のきっかけとなった。

　あなたも結果を知りたいだろうか。もちろんそうだろう。実は、私たちが選んだ非常に成功したトレーダーたちの神経症傾向（Ｎ）は、2005年にロらが行った研究とほぼ同じで、平均的だったのである。驚いただろうか。もっと低くなると思っただろうか。私たちはそう思っていた。

　つまり、素晴らしいトレーダーたちも、期待したほど冷静沈着ではなかった。彼らは、神経症傾向が高くてベスビオ山のように爆発するタイプでもなかったが、感情が最も安定しているタイプでもなかったのである。

　しかし、彼らの神経症傾向をファセットのレベルで見ると、非常に興味深い発見があった。実は、勝ち続けるトレーダーは、Ｎのファセットのなかでもく１（不安）とＮ６（傷つきやすさ）という２つのファセットがかなり低かったのである。つまり、成功したトレーダーは、ストレスがかかる状況においても失敗や負けに関して不安になったり傷つきやすくなったりすることが普通の人よりもはるかに少ない人たちだった。ちなみに、それ以外のＮのファセットに関して明らかなパ

ターンは見つからなかった。というよりも、このグループのNの値が平均ということは、当然ほかの4つのファセットは平均よりもむしろ少し高めだったことになる。

つまり、ストレス下で不安と傷つきやすさが制御できるようになれば、あなたを含めてどのようなトレーダーでも——N1とN6の点数がどうであれ——マーケットで利益を増やすことができるということになる。しかし、それにはどうすればよいのだろうか。N1とN6の点数が高かった人はぜひよく聞いてほしい。

今回の調査で、私たちはNEO-AC検査結果と合わせて、心理学的に掘り下げた面談を行った。すると、輝かしい実績を誇るトレーダーたちの話から、ストレス下の感情的な反応の強さだけでなく、その反応をどれだけうまく制御し、調節できるかがより重要だということが明らかになってきた。

私たちの研究で、トップトレーダーの多くがN1とN6が低かったことは間違いないが、全員がそうだったわけではなかった。私が最も興味を持ったのは、N1とN6が低くなかった数人のトレーダーで、不安や傷つきやすいという傾向を持ちながらも成功を続けてきた理由を探るため、特に掘り下げて話を聞いた。

すると、彼らからは一致した明瞭な答えが返ってきた。感情の起伏が大きい（N1とN6の点数が高い）トレーダーは、経験を積むことで、マーケットに対する感情的な反応を調節できるようになるというのである。つまり、彼らは感情的な反応が大きくても成功できる方法を習得した人たちだった。

概念は分かった。次はトップトレーダーたちから集めたこの情報を実践し、本当に私たちに応用できるのかどうかを見ていこう。

繰り返しになるが、神経症傾向の人は否定的な感情に苦しむ傾向があり、ストレスがかかる状況では特にそうなる。Nの点数が高いトレーダーは、感情がトレードの妨げになる傾向がある。勝ちトレードが

第14章　神経症傾向とトレード

もたらす興奮や喜びは自信過剰を生み、次のトレードで無謀な判断につながるかもしれない。一方、負けトレードは恐怖や怒りや自信喪失を植え付け、それによって躊躇したり、マーケットで大事な動きを見逃したりすることにつながるかもしれない。多くのトップトレーダーが、トレードするときに不安に襲われる理由として、①資金を失う恐れ、②間違って恥をかく恐れ —— を挙げていた。

　ある非常に成功しているトレーダーのNEO-AC検査の結果はN＝97という高い点数だった。繰り返しになるが、検査を受けてくれたトレーダーのほとんどはNが平均的だったため、彼は例外と言える。Nのなかでも最も顕著だったのはN２の敵意で25だった（チャートから外れそうな値）。このような人は、外向性か内向性かによって怒りや敵意を周りの人や自分自身に向ける傾向がある。

　内向性の人でN２がこれほど高い人は、負けトレードのあと自分を責めたりけなしたりするため、だんだん自尊心を失っていく。そして、怒りを自分自身やマーケットに向けがちになる。そうなると、負けトレードで失った資金を取り戻そうとして「復讐トレード」に走るかもしれない。テニスで例えるならば、消耗するほどの長いラリーの末にポイントを落とした選手が、それを取り戻そうと必要以上に気合いを込めて次のサーブを打つようなことである。このような人は、数えきれないほど練習してきたとおり正しい速度、スピン、角度で打たず、怒りを込めてサーブしてしまう。もちろんボールはものすごい勢いでネットに突っ込み、もう１ポイント失ってイライラはさらに募る。つまり、怒りやすい人が負けトレードをしたときは、次を仕掛ける前に健全に「発散」する方法を見つける必要がある。

　別の素晴らしいトレード実績で知られているトレーダーは、N３の抑うつの点数が高く、ときにはその影響がトレードに及んでいた。彼の経験談は興味深いうえ勉強にもなるため、彼の同意を得たうえで本書で１章を割いて紹介している。２人の神経症傾向があるトレーダー

は、心配な特性を持っていてもマーケットで長期間大きな成功を収めてきた。性格特性の１つや２つが不利だとしても、何らかの方法で自分の神経症傾向の弱さを認識し、それに適応することを学んでいた。そして、自分の特性のせいではなく、その特性をものともせず成功をつかんでいた。

　Ｎ１（不安）のファセットは、マーケットでトレードするときに特に注意しなければならない。前述のとおり、私たちが調べた勝つトレーダーは全般的にＮ１が低かった。マーケットのトレードで最も心配なのは、資金を失うことと失敗することである。だれでもお金はなくしたくない。しかし、トレードは大金がかかっているうえに、ペースが速く、必ずではないがたいていは予想もつかない無秩序なマーケットを追いかけるゲームなので、Ｎ１が高い人はトレード中の不安の大きさに特に注意しなければならない。資金を失う恐怖は非常に大きいため、これを軽視してはならない。この恐怖が、誤った判断をさせたり、マーケットを論理的に評価するための集中を切らしたりするきっかけになることはよくある。マーケットが反転するのが怖くて目標値に達する前に手仕舞い、小さい利益で終わってしまったことがこれまで何回あったか考えてみてほしい。

　不安を持つと、本当は気にすることでも気にすべきでないことでも詮索したくなる。スーパーボウルの第４クオーターで、才能あるワイドレシーバーがいつもならば目をつぶっても取れるようなパスをファンブルしてしまうことがある。子供のころから繰り返し練習してきた体に染みついたプレーでも、自分がその瞬間にしていることの重大さを意識したとたんに動揺して転倒してしまうことがあるのだ。恐怖によってほんのナノ秒程度集中が途切れただけで、アメフトの複雑なプレーに必要な正確さとタイミングは完全に崩れてしまうのである。

　実は、ここで恐怖と言っているのは、ほかの人からの評価に対する恐れである。人は切羽詰まった状態でここぞというときに、自分は力

不足なのではないかとか、プレッシャーの下ですべきことができないのではないかと恐れる。ゲームの重大性や大観衆の声援や世界中の人がテレビで見ていなければ、ワイドレシーバーは簡単にボールを取れたはずだった。しかし、彼はその瞬間を意識しすぎ、潜在的な恐怖によって固まってしまったのだ。

　もちろん自宅という安心できる場所でトレードしていれば、国中の人がテレビであなたの一挙一動を見守っているわけではない。つまり、これは正確には「パフォーマンス不安」のような障害ではない。しかし、見方を変えればパフォーマンス不安に非常に関係している。あなたがトレードしている間のすべての動きはあなた自身という最も厳しくて最も批判的な観客に見られているからだ。通常、トレードであなたに成功しろとプレッシャーをかけているのは、あなたしかいない。自分自身を評価することで、自分自身を深刻な「心理戦」に追い込むということがある。格言にもあるように、自分自身が最大の敵になってしまっているのだ。

　不安を抱えたトレーダーが犯す典型的な間違いは、含み益が出ているトレードを早すぎるタイミングで手仕舞ってしまうことである。彼らは、細かく目標値を決めてあるにもかかわらず、何らかの理由で自分自身と自分の予想能力を信じきることができなくなる。そして、今ある小さい含み益を確保しておかないと瞬く間にすべてを失うことを恐れて本来よりも早く手仕舞ってしまう。そうなると、大成功を期待し、そうなるはずだったトレードが、突然わずかな利益のつまらないトレードに変わってしまうのだ。そして、小さい利益では、大きい損失——最高のトレーダーでさえときどき必然的に被ることがある——を埋め合わせることはできない。

　それではどうすればよいのだろうか。それは史上最高のワイドレシーバーであるジェリー・ライスに聞いてみよう。彼がNFL（プロフットボールリーグ）殿堂入りしたときのスピーチをぜひ読んでほしい。

意欲を大いにかき立ててくれるだろう。ここでは、そのなかでも最も重要な部分だけを紹介しておく。

> 私の人生において、失敗することへの恐れが私の原動力になってきました。スポーツ心理学者は、恐れによるマイナス思考はパフォーマンスを落とすから成功するためには恐れを排除しなければならないと言っていますが、それは違います。そうではなくて、最初は両親、そのあとはコーチ、チームメート、ファンをがっかりさせたくないという思いが成功への道を後押ししてくれたのです。

怖いものなしに見えるジェリー・ライスが、恐れが原動力だったというのである。パフォーマンスにかかわる不安を克服する唯一の方法は、不安がわかなくなるまで何回もその演技や行動をやり続けるしかない。ライスにとってそれは重要なゲームでプレーし続けることだった。ライスが大事な試合や大舞台や大きいスポットライトを経験するたびに緊張しないようになっていったことは間違いない。スポーツ界のスーパースターが、本当に集中していたときは大観衆の声がまったく聞こえなかったとか、周りがスローモーションで見えたなどと語るのを聞いたことがあると思う。すべきことに集中しているときには、恐れや恐れの原因が頭のなかからすっかり消えてしまうのである。

心理学ではこれを「馴化」と言う。不安を避けるのではなく、不安に自分自身を何回もさらすことで、体がその不安に対処できるようになり、不安が消えていくのである。そして、不安をなくすことができるようになれば、それがトレードのパフォーマンスに深刻な影響を及ぼすこともなくなる。

ただ、最初からスーパーボウルというわけにはいかない。不安を抑えるための王道は、あまり不安にならない状況から始めることで、少

しずつストレスが高いシナリオに挑戦していけばよい。トレードならば、つもり売買から始めればよい。そして、実際にトレードを始めるときは、ボラティリティが低くてあまり怖くないマーケットを選ぶ。また、最初は小さなポジションから始めてほしい。リスクも小さく始めてそれに慣れたら少し増やし、次のレベルの不安に慣れたら、また少し増やせばよい。さらに、メンタルリハーサルや誘導イメージ療法を使って不安が起こりそうなシナリオに事前に挑戦してみるのもよい。そのためには、理性を遮断して、自分がストレスが大きくて不安をかき立てるトレードをしていると想像してほしい。そして、それを無傷で乗り越えた自分を思い浮かべてほしい。これを繰り返すほど、脳はそれに慣れ（馴化し）、不安を克服する健全な対処法が発達しやすくなる。そして、いずれそれが自動的にできるようになる。

　初めて車の運転をしたときのことを覚えているだろうか。最初はどれほど不安だったか思い出してほしい。つい5秒ごとにバックミラーを見てしまい、前方を見ていなかった。スピードが速すぎて怖いから絶対に高速道路は走りたくないと思っていた。しかし、何カ月か、あるいは何年かたつと高速道路にも慣れ、自然に運転できるようになる。そして今では高速道路に慣れすぎて怠慢になり、出口を見落としたり隣の車線から割り込もうとするバカな車に気づかなかったりすることが最大のリスクと恐れになっている。運転はもう怖くない。もちろん、サーキットのなかでF1ドライバーの隣に座り、時速200マイル（約320キロ）を超えるスピードで周りの車と競っているのならば別だ。それは怖い。しかし、怖がっているのはあなただけで、プロのレーサーは違う。彼の精神は時速200マイルで走るという恐怖に慣れてしまっている。

　実は、不安はすべて関連している。不安とは、新しいシナリオに直面したときに新しい状況下で自分がどの程度のパフォーマンスを上げられるのかが分からないから起こる。これを乗り越えるための唯一の

方法は、実際にその場に立って慣れるしかない。

しかし、不安を取り除こうとするのは最悪の対処方法で、それをすれば脳が慣れる機会を奪うことになる。もし勝ちトレードでいつも不安になり、自分を信じきれずに早く手仕舞ってしまうことを繰り返していれば、自分の能力や直感を信じられるようにはけっしてならない。つまり、良くも悪くもそれをやり続けなければならない。最初にドキッとしたり、冷や汗をかいたりしたところで船を下りてしまってはならないのである。

逃げ出したい気持ちを抑えて自分を強制的に不安になる状況に置くというのは非常に居心地が悪いものだ。しかし、それがこの問題を乗り越える唯一の方法なのである。もし、ジェリー・ライスが大事な試合のたびに欠場してベンチから見るだけだったら、大きな試合で活躍できるようにはけっしてならなかっただろう。試合に出なければ、自分の感情を制御し、プレッシャーの下でプレーする能力はおそらく発達しなかったからだ。

要するに、不安から逃げ出してはならない。

不安に駆られるトレーダーは、ほかの間違いも犯しやすい傾向がある。もし、N1（さらに言えばNのどのファセットでも）が高ければ、背伸びした目標を設定すべきではない。そんなことをすれば、わざわざ落胆することにしかならないし、いずれ失敗するだろう。高い目標に達しなければ不安がさらに増すだけで、それでは本末転倒だ。

そのためには、金額で目標を設定するのはやめたほうがよい（例えば、「今月は5000ドルの利益を上げる」）。目標を立てても、その月がたまたまマーケットの動きが悪くて具体的な目標額に達しなければ、否定的な感情を高める原因になるかもしれない。そして、それがトレードに浸透して、本当は良い月だったはずの翌月のパフォーマンスまで下げることになりかねない。もし前の月に目標に達しなかったことで感情的になってさえいなければ、素晴らしいパフォーマンスを上げ

られたのかもしれないのだ。それでは、２カ月連続で悪い月になってしまう。私たちに協力してくれた成功したトレーダーの多くも、トレードするときに金額には固執しないと語っていた。

　それよりも、困難だが刺激的で十分達成できそうなことを目標にしてほしい。具体的な金額を決めるのではなく、「達成の過程」を目標にすべきなのである（例えば、「今月はＸ回仕掛ける」「仕掛けたトレードは１日にＹ回確認する」「このトレードシステムでＺ種類のマーケットを観察する」など）。損益のみで考えるのをやめて具体的な過程を目標とすれば、利益はいずれついてくると自分に言い聞かせてほしい。成功したトレーダーたちも、口々にそう話していた。

　また、不安に陥りやすい新人トレーダーは、トレードのしすぎという非常に危険な間違いを犯す可能性がある。これはごく普通にあることで、かなり頻繁にも起こり得る。トレードのしすぎは損失の大きな原因になる。実際、これは底なしの損失につながる可能性もあるバミューダトライアングルなのである。自分の現在の資金状況を常に激しく心配しているトレーダーは（例えば、今月の住宅ローンが支払えるのか分からない、「本当の仕事」をしていないことを正当化できるほど稼いでいない、子供の学費が払えないなどといった恐れ）、さほど有利な条件ではないのにホームランを狙ってしまうという落とし穴に陥りやすい。

　スポーツの例が多くて申し訳ないが、今度は大雨のなかでプレーする野球選手を思い浮かべてほしい。雨は降っているし、寒いし、風はあちらこちらで渦を巻き、グランドはぬかるんでいる。とてもホームランを狙える状況ではない。ここは試合を延期するか天候に合わせたプレーをすべきだろう。例えば、ヒットを打って野手のエラーを期待する。これも自分の優位を生かしたことになる。

　同様に、資金的に不利な状況でヘッジを増やしてはならない。そのようなときは、マーケットから撤退してトレード口座を解約するか、

現状でもうまくいく戦略を考える必要がある。資金的な不安を抱えたトレーダーは、必要以上のトレードを仕掛けたり（それまでの損失を一気に解消して大逆転を狙う）、ボラティリティが低いのに仕掛ける（救命ボートにとどまるべきなのにわずかなチャンスに賭けてわらをつかむ）、パターンが完成していなかったり指標が狙ったところに達していないのに仕掛ける（奇蹟を期待して「ヘイルメアリー」的最後の賭けに出る）、負けているトレードを埋め合わせようとあわてて反転トレードを仕掛ける（失恋を癒やすための恋愛と同じでうまくいかない）、最初の計画や戦略から逸脱する（実績があり信頼できる方法を変えてはならない）などの間違いを犯すことが多い。

　リスクが大きくなると、不安も大きくなり、バカな間違いを犯す可能性も高くなる。今度はバスケットボールのフリースローを考えてみよう。試合が始まったばかりならばさほどのプレッシャーはないため、フリースローは簡単に決まる。ただできてしまうのだ。しかし、試合の終盤で競ったゲームで、残り時間があと2～3秒という場面では同じフリースローが大変難しくなる。とは言っても、それは心理的な難しさだ。リングまでの距離もリングの大きさも変わらない。しかし、フリースローを外す確率は試合終盤のほうが序盤よりもはるかに高いということはすでに確認されている。

　同じように、20件のトレードを管理することは、1件のトレードを管理するよりも心理的に難しい。1件ならばストレスがはるかに低いため、ずっと楽に管理できる。しかし、より多くの資金と自尊心がかかっていればより緊張する。20件もの保有中のポジションがあれば、分析しすぎたり、感情がジャマをして普段ならばやらないようなバカな間違いを犯したりしてしまう可能性が高くなる。そうなりたくなければ、リスクを「滴定」しなければならない。

　滴定とは、薬品を少しずつ増やしていくという意味だ。医者が薬を出すときは、患者の体が慣れ、副作用がないことを確認しながら少し

ずつ増やしていく。トレードでも同じようにしてほしい。いつも１回に１トレードしかしない人が連勝中だからという理由で一気に12件も仕掛けてはならない。Ｎ１の値がどうであれ、不安のレベルが許容範囲を超えてしまう。自分のペースで、マーケットにおける感情の耐久性を構築していってほしい。

　ただし、不安について考えすぎるのもよくない。自分のトレードが心配で（例えば、二度と成功できないのではないかと思うほどの不安）、そのことがトレード結果に影響を及ぼしているからといって、自分には深く隠れた精神的混乱があるとか、無意識に混乱しているからそれを解明しなければ成功はできないなどといった結論に飛びつかないでほしい。電話帳で催眠術師や精神分析医を探す必要はない。また、このような不安を感じるということは今のトレードスタイルやトレードシステムを「放棄」して、まったく新しい方法に切り替えなければならないとも思い込まないでほしい。おそらくそれはこの問題の解決策ではない。そんなことをしても問題が複雑になるだけだろう。不安に関する本当の解決策は、先述のとおり慣れと滴定なのである。

　Ｎ１（不安）の高い人がトレードを頻繁にチェックすると、おそらく不安をあおることになるだけなので、それはしないほうがよい。ただ、チェックしなさすぎてもやはり心配になる。このような人は、あらかじめチェックする間隔を決めておき、そのときにアクティブトレードだけをチェックすることが不安を最小限に抑えることにつながる（もちろん損切りの逆指値は必ず置いておく）。戦略とこのようなスケジュールを立てることで、不安を管理することができるようになる。

　そこで、まずできる優れた方法がある。それは日誌をつけることで、ここには１日のトレードが終わったときの自分の不安レベルを記入する。そして、それとは別にパソコンやiPadなどで自分のポジションの状況を確認した回数も記録しておく。２つの記録を合わせれば、ポジションをほとんどチェックしなかったときと頻繁にチェックしすぎた

ときに不安が最高潮に達するというパターンが見えてくるだろう。そこで、その中間の不安が最も小さいときにポジションをチェックしていた間隔を調べ、その間隔を守っていけばよい。こうすることで、否定的な感情反応を減らし、よりよいトレーダーになることができる。

　トレーダーが直面する最大の不安はおそらく資金を失うことと、自分が期待したとおりのパフォーマンスが上げられないことだろうが、もちろんそれだけではない。間違うこと、もしくは実力不足のトレーダーだということが明らかになってしまうことも不安の大きな原因になっている。多くのトレーダーは、トレードがうまくいっていないことを配偶者や周りの人に認めたがらない。むしろ、それを否定したり最小限に見せようとしたりする。ただ、それは単に資金が減ったからだけでなく、人としての評価を下げたくないからなのである。

　Ｎ４（自意識）とＮ６（傷つきやすさ）が高い人は、特にこの種の恐れに関するリスクが高い。これはイメージの問題で、彼らはトレーダーとして下手だとか力不足だとかに見えるのを恐れている。これはＮ４やＮ６がかなり高い人にとっては心理的拷問にもなり得るし、メンツを失うことを恐れるあまり損失を否定するようになるとさらに有害になる。このような人は、自分が間違ったことを認めることが辛すぎるあまり、知らず知らずの間にトレード中の明らかな間違いに気づかなくなっていることが多い。そして、手遅れになってから（資金が底をついてから）やっと一歩下がって自分がトレード戦略のなかで間違いを犯したことを認めることができる。つまり、Ｎ４かＮ６が高い人は、自己否定の危険に気をつけてほしい。

　Ｎ５（衝動）が高い人の場合は明らかだろう。このような人はトレードを仕掛けたり手仕舞ったりするときに引き金を引く楽しみを感じる。彼らは誘惑に弱い。すべきこともしない。もしくはしようとしても待ちきれずに早まった行動をしてしまう。彼らは良いことを取り逃がしそうな気がすると、よく調べもしないで衝動的に判断を下してし

まう。そして行動してしまったあとで「XとYとZを考慮するのを忘れていた」などと気づいたりする。でも安心してほしい。衝動が高い人には、良い対策がある（ただ、簡単に実行できるとは限らない）。

　トレードのしすぎは、非常に衝動的なトレーダーを見つけるひとつの方法になる。彼らはすでに仕掛けているトレードを無視したり完全に忘れたりして次々と衝動的にトレードを仕掛けていく。しかし、実際には個人トレーダー（だれにも指図されない代わりにすべての行動の責任を負う）は仕掛けたトレードひとつひとつにしっかりと手をかけて利益を増やし、見守り、管理し、いずれ手仕舞わなければならない。しかし、保有中のトレードが増えればそれが難しくなり、どこかで高くつく間違いを犯す可能性が高くなる。衝動的なトレーダーは、「確かな」トレードの誘惑に負けてたくさんのトレードを抱え、深みにはまっていく。トレードしすぎはボラティリティが高いマーケットで起こることが多く、衝動的なトレーダーはパターンが形成されたからではなく、マーケットが動いているのだから「何かしなければならない」と思って仕掛けてしまう。

　しかし、たくさんのトレードを仕掛ければ手数料も増える。それに、トレードが増えればマーケットのノイズにジャマをされ、何かあるたびに感情的な起伏を起こすことになる。面白いことに、調査に協力してくれたトップトレーダーのほとんどは、1回にたくさんのポジションを保有しないと言っていた。彼らは自分の資金と注意を少数のトレードに集中していたのだ。なぜだろうか。感情のレベルで複数のトレードを同時に管理するのは難しいからだ。1件の負けトレードに対するたった1回の感情反応が、ほかの数件の勝ちトレードを台無しにしてしまうかもしれない。そうなるのは、その時点で論理的思考が感情に乗っ取られてしまうからなのである。良い資金管理には、トレードのために確保しておかなければならない時間とエネルギーの上限を知っておくことも含まれている。頻繁にトレードしすぎる衝動的なトレ

ーダーは、単純に自分が仕掛けたいトレード数よりも少なくトレードすべきだろう。

　前に性格特性は生活全体に及ぶということを書いたのを覚えているだろうか。特性の傾向は特定の場面だけでなく、その人の生活のさまざまなところに及んでいる。つまり、衝動的な人は人生のすべてではなくてもさまざまなところで衝動的になっている。このタイプの人は、トレードを仕掛けたい気持ちを抑えるのが難しく、時期尚早に仕掛けてしまうのと同じように、冷蔵庫のチョコレートケーキの最後の一切れを我慢できずに食べてしまう。ある研究によれば、衝動性（例えばチョコレートケーキを食べたい）を抑える最高の方法は、次の２つである――①チェックシステムを取り入れる、②厳しく監視する。この方法は、チョコレートケーキにもマーケットトレードにも使える。

　ホメロスによる『オデュッセイア』の物語を覚えているだろうか。オデュッセウスはトロイア戦争の帰路にセイレーンの歌の誘惑をふり切るため、船員には蝋で耳栓をさせたうえで自身をマストに縛り付けさせた。そして、船員にはどのようなことがあっても船の針路を変えないことと彼の縄を解かないことを明確に指示した。実は、オデュッセウスはセイレーンについて魔女のキルケに警告されていた。しかし、それでもその魅力的な歌声を聞きたかった彼は、自分の弱さを知ったうえで強硬手段をとったのだ。彼には自分の弱点と衝動を正しく評価する洞察力があった。そして、帰路の長旅を続けていくために誘惑に負けないためのシステムが必要だということが分かっていた。実際、もし彼が自分をマストに縛り付けておかなければ、海に飛び込んで溺れ死んでいただろう。ホメロスの太古の物語からも、自己を統制したければ、まず自分の衝動的な気質を見抜く洞察力が必要だということが分かる。それが分かって初めて、さまざまな自己統制戦略を使った衝動を抑えるための正しい方法が見つかるのである。

　つまり、Ｎ５が高い人は、実際にトレードを始める前に重要な変数

（規則）のリストを書面に明確に記しておく必要がある。事前のまだ感情が高ぶっていないときにこのリストを用意し、トレードを仕掛ける前に必ずこれを確認してほしい。そうすれば、自分の衝動性を利用することができる。実際、衝動性はマーケットの素早い動きをとらえるために非常に役に立つ。

　そしてもうひとつ、チェックリストとともに必要なのが厳しい監視で、これは信頼できる人に頼んでチェックリストに従っているかどうかを監視してもらうとよい。非常に衝動的な人は、計画を厳守しているかどうかを自分で監視できるとは思わないほうがよい。

　このことについては、NASA（アメリカ航空宇宙局）のスタッフの気持ちになって考えてみよう。あなたはロケット発射のための赤いエンジン点火ボタンを押す係で、今自分の席でそのボタンに指をかけている。すぐにボタンを押したい気持ちを抑えて待っているのだ。気象予報士が、打ち上げ（あるいはトレードを仕掛ける）に適したチャンスが10分間あると言ってきた。その時点で、あなたは衝動的にボタンを押してこの数百万ドルのおもちゃのエンジンに点火するだろうか。

　それはできない。あなたは決定的な最終判断を下す前に、すべて正常に稼働していることを確認するため、急ぎつつも整然と総合的なチェックリストを点検する。NASAが打ち上げのはるか前にこのチェックリストを作成し、何回もシミュレーションを繰り返してきたように、あなたもトレードに備えるべきなのだ。また、NASAが過去の成功や失敗に基づいて発射前のチェックリストを修正してきたこともまねしてほしい。さらに、NASAでは赤い発射ボタンに指をかけている人と気象画面を見て天候がリストと一致しているかどうかを確認する人は別になっている。トレードでも、すぐに仕掛けずに手順に従っているかどうかをできれば別の人が監視していてくれるとよい。少なくとも十分な訓練を積むまでは、トレードパートナーを探して、事前にチェックリストに従う習慣を強化するとよい。

一般的に、プロの投資家やトレーダーが平均的な個人投資家よりも高いパフォーマンスを上げている大きな理由として、プロは自分の会社の厳格な規則や規定の下で運用していることを上げる人も多い。これらの規則があることで、感情的な反応をより抑制できるのである。反対に、個人トレーダーはほとんどが自分の責任でトレードしており、規則や手順のリストを持っていない。もちろんときには会社に何百万ドル、何十億ドルもの損失を与えたプロのトレーダーがニュースをにぎわすこともあるが、それは会社の規則を無視したり回避したりする方法を見つけて自分の感情（欲や興奮）を優先し、制限も確認もしない行動に出たというケースが多い。

　トレード中に使う規則のチェックリストに加えて、感情的な反応（神経症傾向が高い状態）を制限するためのカギとなる戦略としてトレードに「冷却期間」を導入することができる。トレーダーはその場の勢いで自分のトレードに夢中になり、そのもととなる資金を具体的かつ現実的にとらえられなくなる。コンピューターのマウスをクリックするだけで大金が動くと、自分がトレードしている金額が喧噪のなかに紛れてしまうのだ。しかし、冷却作戦を使えば一歩下がって自分がとっているリスクや賭けている資金をしっかりと把握し、うまくいかなかった場合に起こり得る結果を思い浮かべてみることができる。つまり、自分が仕掛けたトレードの影響を実感できるのである。抽象的なイメージをはっきりと理解できる現実的な結果に引き戻さなければならない。トレードを仕掛ける前と（トレードを逃さないためには、ほんの何分かかもしれないが）手仕舞った直後に必ずこの冷却期間を挟むようにしてほしい。

　ただ、ここでもＮが高いのは悪いことばかりではないということを覚えておいてほしい。先述のベル曲線のグラフを思い出してほしい。全人口の半分は、程度の差はあれグラフの神経症傾向の側に入る。これは、私たちの半分はそこそこのトレーダーにはなれないということ

なのだろうか。違うと思う。Nが高いことも、それに気づき、十分活用すればメリットになり得る。Nが高い人は文字どおり感情に敏感である。もしかしたらこの感覚を使ってマーケットのトレンドに対する「直感」を働かせることができるかもしれない。ただし、Nが低い人たちよりも感情を抑制するための努力と注意は必要になる。

一方、Nが低い人はマーケットで感情が知的な行動のジャマをすることは少ないが、好調だったトレードが悪くなるとき（またはその逆）に感じるほんのわずかな直感的感情を見逃すことがあるかもしれない。冷静で感情が乏しいことは、非常に危険なことでもある。最高のトレーダーたちの神経症傾向が平均的だったことを思い出してほしい。つまり、Nが低い人もやはり注意しなければならない。

話を恐れと不安に戻そう。不安は私たちを抑制してくれる（マーケットでも人生でも）。もし恐怖心がまったくなければ、何事もあまりうまくいかないだろう。恐怖心が欠けているということは、無謀ということなのである。

メンタルエッジに関するヒント

● 最高のトレーダーは、確かに不安のレベルが低い。ただ、それよりも大事なことは、自分の強さと弱さを理解して、それに適応していること。
● Nが低い人は、問題解決や分析などの認知過程を使ってトレードにかかわる問題を処理できる能力が生まれつき備わっており、感情がそれをジャマすることがあまりないことに感謝してほしい。このような人は勝ちや負けを深刻に受け止めすぎない。ただ、もちろん彼らも感情のシグナル（「直感」）は持っているが、Nが高い人よりも感じ方が弱いため、それを自覚するのが難しい。そのため、自分の感情によく注意する必要がある。

●Nが高い人は、さまざまな否定的感情や感覚（不安、落ち込み、罪悪感、卑下など）に流されやすく、それがトレードを実行するときに認知過程のジャマをすることが多い。例えば、このような神経症傾向があるトレーダーは、負けトレードで怒ったりイラついたりしたあと、すぐに損失を取り返そうとポジションサイズを2倍にしたりする。このとき、理性的にポジションサイズを考えたり、トレードすべきことを示す指標が整っているかどうかを考えたりはしない。このようなトレーダーは、自分の感情を常に観察し（日記や日誌をつけて、できれば1時間ごととか1日ごとの気分を何段階かで評価するとよい）、感情が強い間は判断を下さないようにするとよい。また、感情を静める時間をとって、落ち着きを取り戻すまで待ってからトレードを再開することを勧める。感情を発散する方法も見つけてほしい。ちなみに、活発にトレードするスタイルでは感情をリセットする時間がとれないため、トレードの頻度が高いトレードシステムも避けたほうがよい。

第15章

トレーダーのための認知行動療法
CBT for Traders

　神経症傾向は治療することができるのだろうか。私は医師兼精神分析医として、人の性格を大きく変えることはできなくても、神経症傾向（N）が高い状態は十分治すことができると言いたい。これは矛盾しているように聞こえるだろうか。もう少し説明させてほしい。人は生来の性向を大きく変えることはできないが、さまざまな方法で感情的な反応を小さくすることはできる。これは身長の低い人に対して「身長を伸ばすことはできないが、底の厚い靴を履けば身長の高い人と同じことができる」と言うのと同じことだと考えてほしい。つまり、恒久的に変えることはできなくても、必要時に適応したり対応したりすることはできるのである。

　ナットソンらが1998年に「アメリカン・ジャーナル・オブ・サイコロジー」誌に発表した研究（「Selective Alteration of Personality and Social Behavior by Serotonergic Intervention」）によれば、特定の薬を投与することで、性格に目に見える変化が現れ、特に神経症傾向の数値が下がったという。この研究では、26人の健康な人に抗うつ効果のあるSSRI（選択的セロトニン）の一種であるパロキセチン（パキシル）を与え、25人の対照患者には偽薬を与えた。ちなみに、SSRIは今日最もよく使われている抗うつ薬である。ただ、SSRIはうつ病やさまざまな不安障害など気分障害の代表的な治療薬としてFDA（米

食品医薬品局）に認可されているが、もちろん性格を変える薬として認可されているわけではない。

　しかし、この調査研究では、SSRIが実際に性格を変えることに使われていた。パロキセチンを服用した健康な人たち（気分障害の症状に悩んでいない人たち）が服用前とあとでNEO-AC検査を受けたところ、わずか４週間で実際に神経症傾向のレベルが下がったのだ。この結果は、多くの精神科医だけでなく、主要メディアも驚かせた。それまで性格は不変で、薬で調整できるものではないと考えられていたからだ。

　実は、Nの値を下げるのに薬は必要ない。不安を減らす方法は薬以外にもたくさんあるからで、そのなかにはトレードの不安に効く方法も含まれている。深呼吸運動、自己催眠、生体自己制御法、誘導イメージ療法などはそのほんの一例だ。ただ、神経症傾向が高い人に最も効果があり、役に立つ治療法は認知行動療法（CBT）である。

　心理療法としてのCBTは強力な治療法で、幅広く研究されているうえに実績もある。そして何よりも大事なことは、これが心理学と生理学の原則に基づいた手法で、人間でも実験動物でも効果が証明されているという点である。この方法の良いところは、条件学習によって動物に特定の感覚や行動を教えるのと同じように、自分の脳を鍛えることができることにある。カギとなるのは、特定の感情に見舞われているときに望んでいる肯定的な感情や思考や行動を繰り返し練習することだ。老犬（あなた）に新しい芸（健全な精神生活）を教えるのに最も適した方法がCBTなのである。

　もし神経症傾向が高いことがトレード以外の生活（仕事、家族、社会生活など）において経済的に深刻な影響を及ぼしているならば、ぜひCBT専門家の診察と治療を受けるよう勧める。ちなみに、CBTを学べば家でこのテクニックを使うこともできるため、これまでたくさんのトップトレーダーに恩恵をもたらしたいくつかのツールを本書で

も紹介していく。ただ、前述のとおり、もしあなたが「神経症傾向が高く」、敏感で、臨床的なうつ状態や強迫神経症にかかっているならば、あなたの自動思考を制御して生活がそれに支配されないようにするためにCBT療法士の治療を受ける必要がある。

まずはCBTの歴史を簡単におさらいしておこう。1907年、ジークムント・フロイト博士は神経症の心理療法を開発するためにアルフレッド・アドラー博士を招待した。それまで、この病気には２つの治療法——①催眠療法、②冷水に浸す——があったが、どちらもあまり効果がなかった。

フロイトとアドラーは、あと３人の研究者とともに心理学水曜会を立ち上げた。この会はのちにウィーン精神分析学会となる。しかし、９年後、アドラーはフロイトの下を離れて個人精神療法を創始した。これは、最初の全体論的心理学であり、この100年以上の間、西側世界で最も影響力が大きい心理学の学派になっている。一方、自由連想法や心理分析を使ってきた心理療法士のアーロン・ベックは、1960年代ごろまでに強い感情を持つ患者は認知（思考）と直接的なつながりを持っているのに、それを精神分析では取り上げていないことに気づき、認知療法を考案した。その後ベックはCBTを開発し、これは今日、ほとんどの心理状態に効く最高の治療法とされている。

CBTの根底には、歪んだ思考や認知が不利な感情反応につながるということと、人は歪んだ思考や感情を繰り返すパターンから抜け出せなくなる傾向があることを認めるということがある。後者は、認知の歪みが引き起こす不快な気持ちに反応することが一連の行動につながる。CBTは認知の歪みを修正（考え方や感じ方を変える）し、不適応な行動を健全な行動に置き換えていく。

こう書くと専門用語ばかりで（実はそうではないのだが）分からないと言われそうなので、いくつかの例を挙げて説明しよう。

最初は私が以前に治療した犬恐怖症の患者のケースを紹介する。こ

の患者は女子高校生で、小さいときに犬に襲われてひどいケガをしたことがあった。そのため、彼女はすべての犬を極端に嫌悪し、怖がっていた。そして、常に犬を避ける術を身につけていた。歩道で向こうから犬が近づいてくれば、反対側の歩道に行くか引き返して別の道を行く。犬を飼っている家に行くときは、その家に入る前に必ず犬が隔離されていることを確認する。

しかし、親戚の家に行ったときに事件は起こった。このとき、親戚が飼っている犬（危害を与える心配などまったくない犬）は２階の部屋に閉じ込めてあった。しかし、この犬が何かのひょうしに逃げ出し、階段を駆け下りて彼女に向かって走ってきた。いつものようにおびえた彼女は、反対方向に逃げようとした。ところがちょうど振り返ったところにいた小さい子を突き飛ばしてケガをさせてしまったのである。

このとき、彼女自身も家族も、犬に対する不安症には何らかの手助けが必要だと実感した。そこで私はCBTを勧めることにした。私たちは、認知的観点から彼女の犬に対する考えを再構築した――「すべての犬が悪い犬ではない」「吠えている犬が必ずしも怒っているわけではない」など。そして行動的観点から彼女のトリガー、つまり犬に触れることを少しずつ慣らしていった。最初は犬の写真から始め、次はユーチューブの犬の映像を見せ、それに慣れると生きた犬に近づく練習をした。そして数カ月後に治療が終わったときには、柵で囲まれたドッグパークのなかで周りに５～６匹の犬が駆け回っていても平気でいられるようになっていた。十分な経験と心の再構築によって、恐怖心が消えたのである。

ただ、本書を購入した人は犬嫌いを直したいわけではない。マーケットでトレードするときには何が不安なのだろうか。例えば、ある朝買い注文を出したとする。その日の午後は、含み益が出ていることで幸せな気分を味わう。その夜は、自分の勝ちトレードを見つけた能力に満足して床に就く。ところが翌朝起きてみると、マーケットは下落

に転じており、前日に損切りの逆指値を置いておかなかったことに気づく。初心者でもないのに初歩的なミスで大金を失ってしまったのだ。このトレーダーは自分を「バカだ、間抜けだ」とののしる。そして損切りを置き忘れたことだけでなく、自分などどうせ負ける運命にあり、どうやってもトレードで成功することなどできないなどと考え始める。あなたにも経験があるのではないだろうか。

　このように卑下する考えや言葉を自分に浴びせることは、自分に対する感じ方に影響を及ぼす。そして、これは良い影響とは言えない。これによって自分が敗者だという考えを持つだけでなく、実際に自分が敗者だと感じるようになる。そして、気づいたときには何らかの不適応な行動や、本当の敗者のような行動をとり始める（図1.1を見返してほしい）。

　そろそろパターンが見えてきただろうか。ある出来事がきっかけ（トリガー）になって、歪んだ考えを持つようになる（「自分はバカで無能だ」）。その考えが、あなたに特定の感じ方を促し（悲しみ、怒りなど）、その感じ方が特定の行動を促す（自滅、後悔、孤独、復讐など）。

　最初に持った否定的でたいていは事実でない考えは、そのあとどんどん膨らんでいく。このようなとき、大事なのは証拠を注意深く検証することである。あなたは、実際には最初に素晴らしいトレードを見つけて仕掛けた。つまり、あなたは明らかにバカではない。失敗した唯一の理由は、不注意で損切りを置かなかったことにある。あなたは不注意なトレーダーかもしれないが、それは無能なトレーダーということではない。ただ、一度否定的な感情を持ってしまうと、それを消すのはなかなか難しい。

　この否定的な感情（またはこの感情に対処、否定、回避などをしようとすること）がトレードの妨げになる。気分が沈んで怒りっぽいときは、愛する人、例えば配偶者と言い争いをするのだろうか。それともアルコールの力を借りて泣くのだろうか。それとも友人と距離を置

いて自分の殻に閉じこもってしまうのだろうか。食べたり運動したりするのをやめてしまうのだろうか。それとももっと控えめに、次のトレードでそれまで使ってきた正しくて実績のあるトレード手法（本当は勝ちトレードで、損切りを置くのを忘れただけだということを思い出してほしい）を逸脱してみるのだろうか。それもこれも自分が敗者だと感じたゆえの行動と言える。

　このようなときにすべきことを次に挙げておく。CBTの4つのSである。

1. **一時停止（Stop sign）**　否定的な考えや事実でない考えに襲われそうなときは、頭の中で大きい一時停止の標識を想像する。ここは想像力を働かせて具体的にイメージしてほしい。もしかしたら、その標識を掲げているのはいかめしい顔つきの交通補導員かもしれない。あるいは、標識の周囲には赤く光る派手なライトが付いているのかもしれない。あとは、望まない思考や事実でない思考が頭の中に形成されそうになったとき（「俺はバカだ」と言いそうになったとき）に、そのことに気づけるようになってほしい。そして、そうなったらすぐに心の一時停止を掲げて戦ってほしい。このとき、標識のイメージは鮮明で具体的なほうがよい。なかには、想像するだけでなく、実際にこの標識を作っている人もいる。イメージが決まったら、あとは毎回同じ標識を使う。子供じみた単純な方法でバカげていると思うかもしれないが、実際に効果がある。これを裏づける優れた研究も行われている。
2. **大声で叫ぶ（Shout it out）**　否定的な思考を怒鳴りつける。頭のなかから望まない思考が消えていくのを感じられるまで、力のかぎり叫び、罵る（もちろん近所の人に通報されない程度に）。それが何の役に立つのかと思うだろうか。人間の心の良いところは、意識的な思考は1回に1つしか持てないことにある。望まな

い思考は心の侵入者、つまりそこにはいらないものとして扱う。それに対して怒り、追放するのだ。

3. **置き換え（Substitute）** 望まない思考と置き換えるための簡単なフレーズや考えを持っておく。これは力強く、肯定的で心から信じられるものを選ぶ。自己啓発のための文言を小さなカードに書いて持ち歩いている人もいる。印刷したり、パソコン画面の上に貼っておいたりしてもよい。置き換え用の思考の一例は「私はデキるトレーダー。間違いからも学んでいる」。

4. **持続（Sustain）** 根気よく続ける。望まない思考は玄関から外に追い出しても、Uターンして窓や煙突からまた忍び込もうとする。しかし、けっしてなかに入れてはならない。また、何が起こったのかをよく考える。望まない思考が生まれたのには何らかの理由があるのだろうか。「使用の心理学」では、すべての思考（望まないものも含めて）はそこから何かを得るためにあると考える。先の例で言えば、「自分はバカで無能だ」と思うようになった本当の理由は、不注意で損切りの逆指値を置き忘れたからだった。つまり、現実的になってその間違いとそれが起こった理由を認める必要がある。今回のケースでは、失敗は不注意によるもので、バカだからではない。本当の状況を認め、評価すると、あなたは本当は非常に賢いが、ときに注意が足りないということが分かる。しかし、それを直せば次は注意を怠らずに損切りをきちんと置くことができる。

この４つのＳを繰り返していれば、望まない思考に対処できるようになる。そして、それが楽にできるようになれば、自分の心も否定的な感情もうまく制御できるようになる。繰り返しになるが、否定的な思考が否定的な行動や感情につながる前にそれに気づくことが重要だ。この簡単な４つのステップをきちんと行えば、心をかき乱す不愉快な

思考や感情をこれまでよりもうまく制御できるようになることで、もっと優れたトレーダーになることができる。

トレーダーは、トレードと感情の処理を同時に行うという間違いをよく犯す。活発にトレードしている最中に、自分の感情に対処したり分析したりしようとするのである。しかし、これは賢いとは言えない。トレードにはかなりの集中力と意欲が必要になる。しかし、それはCBTも同じことだ。つまり、トレードをしながら「自分への語りかけ」（CBTのテクニック）を試みてはならない。トレードしているときは、画面上の大事な指標などに集中すべきである。そして、深呼吸運動などCBTの活動は、それに専念できる時間に行ってほしい（例えばトレードの前後や、トレード中でもしばらく離れることができる時間帯など）。

もしあなたがトレードの最中に非常に不安になるのならば、画面の前からある程度長い時間離れて不安の理由をよく考えてみてほしい。恐怖に基づいてやみくもに判断を下したくはないと思う。繰り返しになるが、自己啓発計画とトレードを一緒に行ってはならない。それをすれば、どちらも失敗することになる。

CBTはさらに深く強力なレベルでも使うことができる。次はもう少し上のテクニックを見ていこう。仮に、あなたがトレードを手仕舞うときに大きな不安に駆られるとする。この不健全な習慣によって予想できる行動は、勝ちトレードなのに予定よりも早く手仕舞ってしまうことで、それによって予定利益が減り、自分に欠陥を感じてしまう。この習慣を変えて、勝ちトレードをもっと長く保有し、できれば利益が最高になるときまで保有し続けられるようになりたい。

まず、行動を変える最初のステップとして、自分が楽しめてそれなりに効果もある高強度持久活動を選ぶ。これは走ることでもよいし、水泳、自転車、縄跳び、など何でもよい。そして、どの活動でもゴールを決めてそれを達成し、そのときの反応に自分を条件づける練習を

していく。

　そのためには、この活動に専念できる時間を毎日30分確保する。毎日少しずつこの活動（例えば、ランニングマシンで走る）に慣れていくと、自分の体の身体的反応も分かってくる（心拍数が上がり、呼吸が速くなり、汗が出るなど体がさまざまな警告を発する）。そして、この活動をしながら、自分が望む行動や感情を心のなかでメンタルリハーサルする。この例で言えば、勝ちトレードを長く保有し続ける自分の姿を想像するのである。走りながら、頭の中では自分のトレードデスクに座ってパソコンの画面を見ている姿を想像する。画面に表示されたトレードを保有し続けているときはどのような気持ちなのだろうか。マーケットはあなたに手仕舞わせようとしているが、その衝動に抵抗するあなたの姿を心の目で見るのだ。あなたはどんな気持ちだろうか。不安で手仕舞いたくなる気持ちを抑えて保有し続け、利益が積み上がっているとき、どれほどうれしく、満足し、有能なトレーダーの気分を味わえるか想像してほしい。あなたは早めに利食いたくなる誘惑に負けずにポジションを保有し続ける。そしてそれを貫いていく。繰り返しになるが、これらの想像は、すべて選んだ肉体的な活動（例えば、ランニングマシン）をしながら行っていく。この簡単な練習を何度も繰り返すと、脳は体の状態──体が警告を発し、エネルギーが充満し、興奮した状態──とあなたが目指すことを関連づけるようになる。これが条件づけだ。同じ刺激（活動）と同じ目的で、自分を条件づける練習を重ねてほしい。このとき、練習の組み合わせを変えてはならない。

　いずれあなたの脳は十分条件付けられ、刺激となる活動（走ること）をするだけで、脳が自動的に望む結果を生み出す望ましい枠組み（肯定的な感情、自信、熟達感）が効力を発するようになる。そうなれば、もう望む感情や行動を想像したりしなくても、それが自然に習慣としてできるようになる。

脳の準備が十分整ったら、次は同じ運動（ランニングマシンで走る）をトレードを始める直前にする。何をしようとしているかもう分かるだろう。あなたの心が必要としているときに特定の感じ方や反応をするようにプログラムしているのである。トレードの合間に、自分自身に「カンフル剤」を注入するのだ。それができるようになれば、この活動をするたびに、脳は訓練どおりにトリガーがかかるようになる。この例ならば、目標値まで勝ちトレードを保有し続けても、それまでよりもずっと楽に不安に耐えられることに気づくだろう。

　このように安くて（実際にはタダ）、簡単なCBTの手法が本当に神経症傾向を低くできるのか懐疑的な人は、ぜひ次のデータを見てほしい（実際にやってみなければ分からないこともある）。1989年に、オーストラリアの研究者たちが、神経症傾向を修正するのに最も効果的な治療法を調べるメタ分析を行った。ちなみに、メタ分析はさまざまな研究結果を１つの大きい研究プロジェクトでまとめて分析する方法である。たくさんの結果を合わせることで、より信頼できる結果が得られる。

　ジョームらによるこの研究（「Modifiability of Trait Anxiety and Neuroticism : A Meta-Analysis of the Literature」［オーストラリアン・アンド・ニュージーランド・ジャーナル・オブ・サイキアトリー誌］）によれば、「論理療法とその関連療法」は神経症傾向を弱める方法としてほかとは比較にならないほど効果的だった。「論理療法」は、今日のCBTのさきがけとなった治療法である。実際、この研究によれば、ほかの心理療法（瞑想、ストレス免疫訓練、筋弛療法、集団療法、読み書き訓練）、不安管理訓練の神経症傾向に対する効果は偽薬とあまり変わらなかったが、論理療法は偽薬の３倍以上の効果があったという。また、この治療法は効果に持続性があり、治療から１年が経過しても患者は神経症傾向の低い状態を維持していた。

　話を薬に戻そう。2009年にタンらが行った２回目の研究

（「Personality Change During Depression Treatment」［アーカイブス・オブ・ジェネラル・サイキアトリー］）は、SSRI（選択的セロトニン取り込み阻害薬）も神経症傾向を弱めるのに役に立つとしている。つまり、本章の初めに紹介した研究と似た結果になった。ただ、タンの研究はCBTも神経症傾向を弱めることができることを示していた（ただし薬ほどの効果はない）。また、2010年にはグリンスキがビヘイビア・チェンジ誌に寄稿した記事（「Modifiability of Neuroticism, Extraversion, and Agreeableness by Group Cognitive Behavior Therapy for Social Anxiety Disorder」）のなかで「（CBTによる）治療と神経症傾向の値を大きく下げることには関連がある」と述べ、CBTの有効性を後押しした。

　認知行動療法の分野は発達を続け、臨床研究も進んでいる。2012年現在、CBTに関する最先端の興味深い有望な手法に、CBTの亜型である認知バイアス修正法（CBM）がある。これはもともとブラウン大学の著名な心理学者たちが開発した治療法で、コンピューターのソフトウェアだけで治療ができる。複数の小規模な臨床試験では不安の克服に期待できるという結果が出ている（トップトレーダーは不安の値が低かったことを思い出してほしい）。臨床試験の規模がまだ限定的で、解明すべき点も残っているが、CBMは不安症の治療に対面療法や薬物療法と同じくらいの効果が期待できそうに見える。

　CBMは、パソコンのプログラムを使って脳に不安に対処する方法を教え、それを訓練するセッションを1週間に数回、4～6週間にわたって受ける治療法である。パソコンを使った治療という発想にはもちろん議論の余地がある。クライアントが高い治療費を支払わなくても自宅で不安症に対処し軽減できることへの恐れから、この考え方に反対する心理療法士もたくさんいる。また、パソコンのプログラムなどという簡単な方法で本当に不安を和らげることができるのか懐疑的な見方をする人もいる。通常、心理学者や精神科医は、不安（主要な

精神障害か神経症傾向が強い性格）を治療や対処が最も難しい精神症状だと考えている（うつ病などよりもはるかに難しい）。ただ、不安症を管理するのにパソコンのプログラムが向精神剤や集中的な心理療法と同じ程度の効果が見込めるという発想にどうしてもなじめない人もいる反面、その可能性を示すデータも集まり始めている。

　CBMのソフトウェアは、不安をかきたてるきっかけを無視して簡単な課題を完成させる「アテンション」と呼ばれるテクニックを用いている。例えば、ある課題では、画面を２分割して、一方にはうんざりした人の顔や恐ろしがっている人の顔、もう一方には無表情な人の顔が表示される。どの顔が画面のどちら側に出てくるかはランダムで、１時間超で約1000枚の顔が素早く映し出されていく。画面ごとに、２つの顔のどちらかがすぐに文字（EかF）に置き換えられ、もうひとつの顔はそのまま画面に残る。課題は簡単で、現れたのがどの文字かということをキーボードのEかFを押すことで答えていく。この課題を２つのグループ（CBMを受ける人たちと偽薬を与えられた人たち）に対して行った。CBMを受けるグループの画面は、毎回無表情の顔のほうを文字と置き換え、うんざりした顔のほうが画面に残るようにしてある。こうすると、被験者は強制的に（訓練として）不安をかき立てる顔から注意（アテンション）をそらしながら課題を終わらせることになる。一方、偽薬のグループにはどちらの顔も同じ割合で文字と置き換えていく。

　簡単に言えば、これは脳が不快で不安をかき立てる刺激ではなく、文字のほうを見るという認知的判断を下すようにする訓練なのである。うますぎる話だと思うだろうか。これまでのところCBMの治療を４〜６週間受けたグループは不安の水準が大きく下がり、なかには劇的に下がった人もいたが、偽薬を投与されたグループのほうには変化がなかった。CBMには今後さらなる大規模な臨床検査と長期間の追跡調査が必要だが、これまでのところ不安を効果的に弱める有望な治療

法に見える。エコノミスト誌など主要メディアも注目し始めており、急速に発達しているCBMに関する報道がこれからも続くだろう。私たちの研究で、トップトレーダーはNEO-ACで不安の特性が低かったことを思い出してほしい。つまり、脳が感じる不安を弱めることができれば、トレード結果が改善するのかもしれない。

メンタルエッジに関するヒント

- CBTは新しい治療法ではない。しかし、CBTや薬物で神経症傾向などの性格特性が修正できるかもしれないという画期的な概念が出てきた。CBTに認知や感情や行動を変える以上の効果が期待できる可能性が出てきたことで、「一度、神経症になればもう治らない」という発想が誤りか、少なくとも修正されるべきであることは実証された。実際にはこれはその人の根底にある気質の特性を和らげることで、ストレスにさらされてもそれに対抗しやすくするという方法なのである。
- CBTやCBMの療法を使って投資家やトレーダーの神経症傾向を弱めるという研究はまだないが、近い将来には行われるかもしれない。それまでの間、トレードにおいて不安が大きな障害になっている人にとっては、これらの戦略が役に立つかもしれない。

第16章

リスク回避とトレード
Risk Aversion and Trading

　リスク回避とその反対のリスク選好は、心理学でも金融でも複雑な概念である。これらを学ぶことは非常に楽しくもなり得るし、退屈にもなり得る。もし簡潔で実用性がなく（少なくとも本書の目的には）無益なリスク回避モデルが欲しければ、グーグルで「Arrow-Pratt Measure of Risk Aversion」（アロー、プラットのリスク回避度）を検索してみるとよい。

　実は、リスク回避の意味を私たちは直感的に理解している。これは選択肢にかかわるリスクと利益を注意深く比較したあとで判断を下す過程と言える。リスク回避の領域の一方の端には、まったくリスクをとらずに、莫大な恩恵を望む人がいる（リスク嫌い）。そしてもう一方の端にはわずかな利益のために途方もなく大きなリスクをとる人がいる（リスク回避度が低い、リスク選好）。そして、ほとんどの人たちは、その間のどこかに入る。

　しかし、リスク回避はもう少し複雑だ。マーケットでリスクをとる場合には、2つの力（報酬）が働く。1つ目は金銭的な利益という報酬である。安全性の高い（ボラティリティが低くてレバレッジが小さい）金融商品と比べて、先物市場では大きいリスクをとれば投機家のお金とそれがもたらすもの（おいしい食べ物、家、車、服、休暇、子供の学費など）に対する欲望を満たす（これが本当の報酬）ことがで

きる。そしてもうひとつの潜在的な「報酬」は刺激、つまりトレードするときに感じるスリルと興奮である。この２つの報酬、つまり利益を上げることと興奮を得ることは相いれないことではない。それにどちらも悪いことでもない。お金は「災いの元」になることもあるが、さまざまな幸いの元にもなり得る。

　この２つの基本的な報酬は、私たちの遺伝子に組み込まれており、脳のなかにその回路が備わっている。結局、人間は生まれつきリスクをとる生き物なのである。東アフリカで誕生した私たちの祖先は、約10万年（地球の歴史と比べればほんのまばたきしたくらいの長さ）の間に地球上のあらゆる地域に広がった。どうして祖先たちにはそれができたのだろうか。彼らの「探索性」とリスクをとる意欲が、人類が生き残って繁栄したカギのひとつだった可能性が高い。

　考えてみれば、先史時代の人類にとって大きくて危険な動物を捕獲することはリスクの高い試みだった。私たちの祖先は獲物よりも小さく、動きは遅く、自然の鎧（牙や厚い皮膚など）もそのほかの防御の仕組み（危険なときに飛んで逃げるための羽など）も持っていなかった。彼らはトレード画面の前に座っているトレーダーたちよりもはるかにリスクをとっていたのである。人類が繁栄し、世界的に勢力を拡大できたのは、私たちの先祖が賢くて創造的だったからで、その決め手となったのが大脳皮質の大きさだった。ただ、それでも狩りが成功するためには大きなリスクをとる必要があった。私たちの祖先にリスクをとらせたのはもっと大きな肉が食べたいという欲望があったからだが、おそらくそれと同じくらい、危険な狩りはスリルと興奮（獲物を追うときアドレナリンが噴出する）をもたらしたのだと思う。もしスリルも快感もなければ、私たちの祖先もほかの霊長類と同じようにみんなで集まって果物や木の実を食べる暮らしに満足していたかもしれない。

　近代人である私たちが財務や投資の判断を下したり自分の欲のため

にリスクをとったりするとき、そこには欲望を満たすためとトレードのスリルや興奮を味わうためという２つの理由があることを知っておいてほしい。ちなみに、性的な行動にも同じことが言える。もしスリルと興奮がなければ、これほど多くの人が親になるというリスクをとるとは思えない。前にも書いたとおり、これは私たちに組み込まれている特性で、２つの報酬（欲とスリル）には密接な関係がある。

　ただ、すべての人が同じ程度のリスクをとるわけではない。リスクのとり方は一種の性格特性で、そこには大きなばらつき（領域または次元）がある。先物トレーダーが、相対的にリスク選好型であることは明らかだ。彼らは大きな利益を期待して可能性が低くても賭けようとする。一方、リスクを嫌う投資家は、すべての資金を投資信託やETF（上場投信）に投資する。リスク嫌いがさらに高じれば、すべての資金を連邦預金保険会社が保証する年率わずか１～２％程度の預金口座に預ける。

　さらに言えば、トレードする人のなかにはお金（とそれで買えるもの）を得ることが目的でさほど「ハイ」にはならない人もいれば、スリルを味わうためにトレードしている人もいる。後者は、典型的な成功できないトレーダーで、トレード依存症になるのはこのタイプが多い（依存症については第23章で詳しく述べる）。

　ほとんどの人は、両方の報酬を求めてトレードのリスクをとる。素早く儲けて興奮も味わうためにトレードリスクをとるのだ。ただ、成功している先物トレーダーの多くが、極端なリスクはとらないということを覚えておいてほしい。極端なリスクをとるのは、ラスベガスのルーレットで奇蹟を信じて最後の10セントまで賭けてしまうタイプなのである。

　考えてもみてほしい。マーケットには３つの方向しかない。上がるか下がるかほぼ横ばいかだ。これはルーレットのスロットの数とは比較にならない（アメリカのルーレットには38のスロットがある）。そ

のうえ、どのスロットに止まるかは完全に幸運の女神にかかっているが、マーケットでのトレードは実際にはかなりの知識と経験と洞察力と計算力と計画とパターン認識と判断が必要で、それに加えて運も大きな部分を占めている。本物のマーケットトレーダーは投機家であってギャンブラーではない。

投機という言葉の語源はラテン語のspeculatusで、ここには「見張る」とか「調べる」という意味がある。トレーダーはリスクをとるという意味で投機家だが、彼らは調査や勉強や洞察を重ねてマーケットを動かすさまざまな力について理解したうえで判断を下している。

NEO-ACのなかに、リスク嫌いとリスク選好を見分けるためのファセットはない。むしろ、リスク嫌いはいくつかの性格特性を組み合わせたほうが理解しやすいという研究もある。2008年にファイナンシャル・サービス・レビュー誌に掲載されたクリフ・メイフィールドらの研究（「Investment Management and Personality Type」）によれば、O（開放性）とE（外向性）の高さとリスク嫌いは明らかな逆相関になっている。つまり、OとEの両方もしくはどちらかが高い人は、OとEが低い人よりも投資のリスクをとる可能性が高いことになる。この研究では、性格が投資家のリスク見通しに影響を及ぼし、その見通しがその人の投資行動を決めるとしている。例えば、新しい経験を受け入れやすい人（Oが高い）は、長期投資をする傾向がある。しかし、この記事の重要な欠陥はこのような行動が実際に有利に働いたのかどうかを確認していないことで、Oが高い人が長期投資でより成功したのかどうかまでの追跡調査は行っていない。

ロンドン・スクール・オブ・ビジネスのナイジェル・ニコルソンらによるリスク傾向に関する大規模かつ詳細な研究（「Personality and Domain-Specific Risk Taking」［Journal of Risk Research］）がある。ここではNEO-ACのデータを使ってイギリスの2041人のトレーダー（カギとなるのは、全員が成功しているとはかぎらないということ）

を調べた結果、リスク嫌いは６つの異なる決定領域のすべてに見られた。

1．娯楽のリスク（ロッククライミング、スキューバダイビングなど）
2．健康上のリスク（喫煙、ダイエットの失敗、アルコールの過剰摂取など）
3．職業上のリスク（転職先を決めないで会社を辞めるなど）
4．金融リスク（リスクが高い投資、ギャンブルなど）
5．安全面のリスク（無謀な運転、ヘルメットなしでバイクに乗るなど）
6．社会的リスク（選挙に立候補する、みんなの前で規則や決定事項に違反するなど）

　この研究によれば、リスク選好はこの６つの領域すべてにおいて５つの主要な性格に明確なパターンが見られたという。つまり、リスクをとる人は、ＥとＯが高くて、ＮとＡとＣが低かった。また、この研究では６つの決定領域すべてでリスクのとり方が同じわけではないともしている。例えば、娯楽や健康や安全性に関するリスク選好は寿命を大きく縮める可能性があるが、職業や金融や社会的リスクならば寿命にはほとんど、もしくはまったく関係ない。この研究ではリスクのとり方が違う理由についての考察はなされていないが、私はそこにもっと根本的な理由がかかわっているのではないかと考えている。例えば、高速道路でバイクの競走をするような安全性にかかわるリスクは、アドレナリンが噴出する以外にさしたる利益も動機もない。その一方で、社会的リスクや金融リスクは特定のリスクをとれば何か具体的な良いもの、つまりリスクをとる価値があるものが手に入ることを期待できる。
　私たちは、スリルを求めてリスクをとる人と、何かを得たいという

欲望のためにリスクをとる人を見分けることができる性格プロファイルを探すことに特に関心を持っていた。そしてさらに、トレード依存症になりやすい人となりにくい人を見分ける性格プロファイルがあるかどうかも知りたいと思っていた。

　ニコルソンは、E5（刺激希求性）とO6（価値）のファセットが高い人は6つの決定領域で個別でも全体でもリスクをとる可能性が最も高いことを発見した。ニコルソンは、E（特に興奮）とOが高いとリスクをとる「動機力」が強くなるが、NとAが低いと否定的な結果を気にしてリスクを避け、Cが低いとリスクをとるときの認知バリアが低くなると理論づけている。また、Cが低い人はリスクをとることでお金やそれ以外のさまざまな恩恵を得ようとするのに比べて、Cが高い人は（リスクをとるよりも）規律ある努力によって同じ恩恵を得ようとする。

　このニコルソンの研究と同じことを、私たちが調べた一流の先物トレーダーに当てはめてみると、**表16.1**のようになる。

　これはどういうことなのだろうか。先物トレーダーはリスクをとらないということなのだろうか。おそらく違うだろう。それでは、成功した先物トレーダー、つまり私たちが調べた人たちはリスク選好が高くないのだろうか。実際、ニコルソンの研究でもE5（刺激希求性）はリスクを好んでとるかどうかを決定する最も重要なファセットだったが、私たちが調べたトップトレーダーのE5の値が平均的だったことは大きな意味を持っている。つまり、成功したトレーダーにとってトレードの理由としてのスリルの要素は、一般トレーダーと比べてさほど重要ではなかったことになる。成功したトレーダーの動機となっていたのは、金銭的な報酬や興奮以外の心理的報酬だったのである。また、私たちが調べたトップトレーダーのリスクのとり方には状況による変化がなかった。

　そのうえ、NとAが低い一般トレーダーよりも良い設備を持ってい

表16.1　リスク選好の特性に関する一般投資家と一流トレーダーの比較

	ニコルソンが調べた一般投資家	一流トレーダー
N	低い	平均
E	高い	平均
O	高い	平均
A	低い	平均
C	低い	平均
E5（刺激希求性）	高い	平均
O6（価値に対する開放性）	高い	平均

るトップトレーダーのほうがリスクをとった場合に想定されるデメリットをよく理解しているという点も、彼らのNとAが平均的だったことの裏づけになっている。NやAの特定のファセットが低い人は恐怖をあまり感じない。しかし恐怖は良いことでもあり、健全でもある。もちろんそれが大きすぎるのはよくないが、危険から遠ざかっておく程度の恐怖心は必要だ。そして、成功したトレーダーにはそれがある。

ただし、恐怖と不安を混同してはならない。成功したトレーダーが健全な恐怖心を持っているというのはC1のファセットのことで、これについては次の第17章で詳しく説明する。

また、成功したトレーダーのCの値が平均的だったことは、彼らがこの高リスクの試みを規律と努力と勤勉さをもって実行していることを示している。彼らはトレードという技術を適切な努力によって修得したのである。反対に、Cが全体的に低い人は「てっとり早く稼ぐ」行動に流されやすく、正しい方法よりも近道や簡単な方法を選ぶ傾向がある。

表16.2 性格に関する一般投資家と一流トレーダーと問題を抱えたギャンブラーの比較

	ニコルソンが調べた一般投資家	一流トレーダー	問題を抱えたギャンブラー
N	低い	平均	高い
E	高い	平均	平均
O	高い	平均	平均
A	低い	平均	低い
C	低い	平均	低い
E5（刺激希求性）	高い	平均	平均
O6（価値に対する開放性）	高い	平均	平均

　それ以外に、問題を抱えたギャンブラーの性格特性（これについてはさまざまな研究が行われている）とも興味深い比較ができる（**表16.2**参照）。ニコルソンが調べたなかでリスク選好の投資家がそうだったように、問題を抱えるギャンブラーもAとCは低いが、Nは高かった（特にN5の衝動性）。

　表16.2の「一流トレーダー」の列はすべてが「平均」になっているが、ファセットによって度合いが違うということと、個別に話を聞くといくつかのパターンが見つかったということは覚えておいてほしい。例えば、成功したトレーダーのO4とO5とO6の点数には大きなばらつきがあったが、個別に話を聞いているとある傾向が見えてきた。O5（アイデアの開放性）かO6（価値の開放性）が高い人はスリルを求めるのではなく、さらに深い心理的要求に動かされて先物トレードをしていたのである。つまり、彼らは非常に難しいことを学び、修得することを心から楽しんでいた。とは言っても、彼らの第一の目的はあくまで利益を上げること（欲望）で、そこは誤解しないでほし

い。そのうえで、何かを極めたいという思いも彼らにとって非常に魅力的であり、報いになっていた。

　面白いことに、トレーダーと話すなかでNEO-ACのＯ４（活動性）のファセットがトレードの欲望の度合いをかなりよく表していることが分かった。Ｏ４は心理的な欲望や富への欲望だけでなく、それを実際に追求するという決定のバロメーターにもなっていた。「大きな肉の塊」を得ることが最大の目的のトレーダーは、Ｏ４の点数が高かった。彼らは大きな報酬を得るために、危険に立ち向かい（行動）それまでに経験したことがないことでも挑戦する。ただ、彼らが危険を冒すのは、その枝が自分の体重を支えられるかどうかというスリルを味わいたいからではなく、枝の先に貴重な果物がなっているかもしれないからなのである。彼らは、枝が折れる可能性があっても、果実が得られるならリスクをとる。ちなみに、多くの人はスリルと欲望の両方の要素に駆られてリスクがある行動をとるということを覚えておいてほしい。つまり、Ｏ４が高いトレーダーは相対的に興奮はあまり求めないが、欲望は大きいということになる。

　欲望は良いことでもあり、人間には生まれつき組み込まれているということはすでに書いた。しかし、何でも多すぎれば害になるし（たとえ酸素でさえ）、致命的にもなり得る。生きることと生活していくことはすべてバランスの上に成り立っている。意欲的な先物トレーダーの多くは、Ｏ４（活動性、つまり欲望）が高いという傾向がある。父の言葉を借りれば、「トレーダーにはほかの人よりも大きい欲望の分泌腺がある」。

　欲望が強すぎるのは、明らかに健全ではない。熟れた果物を求めて細い枝の先まで行きすぎれば、危険にさらされる。私たちにはある程度の欲があるが、それを自分の人生で得たものと比較しながら和らげていくことを学ぶ必要がある。自分の欲望を適切に制御したり対処したりできなければ、トレードは失敗する。自分の欲望を否定したりそ

れに踊らされたりするのではなく、それを認識し、共に生きることを学ぶことが重要なのである。成功したトレーダーでO4が高い人たちは、それを会得していた。このことについては、あとでまた述べる。

　まっとうな先物トレーダーの多くは快感を得るだけのために（必要もメリットもないのにスピードを出して運転するように）トレードしているのではないが、ここから本章の終わりまではO4とO6のファセットの高さという観点からリスクをとることについて書いていく。ただ、ほかのリスク嫌いのファセット（特にE5）もトレードリスクのとり方やその傾向に関して同じくらい影響している可能性がある。通常、O4とO5とO6が高ければ、リスク嫌いの度合いは低くなり（よりリスク選好になる）、O4～O6がかなり低い人はリスク嫌い（リスクをとらないようにする）の傾向がある。ただ面白いことに、成功したトレーダーはこの領域全体に散らばっており、リスク嫌いの度合いが高い人から低い人までさまざまだった。

　リスク嫌いのマーケットトレーダー（O4～O6が低い人）は、大きい損失という概念がなかなか許容できない。このような人は、性格的に見ると管理されたなかで少額のトレードを頻繁に行うのに向いている。また、このタイプの人はマーケットの大きな動きが長引くことを望んでいないため、短い時間枠のトレードが向いている。彼らは、小さい動きを頻繁に繰り返すようなマーケットを探している。短い時間枠を使えば、彼らは保有期間とリスクを管理することができる。

　このタイプのトレーダーには、損切りの逆指値を近くに置く戦略が効果的だ。つまり、彼らは細かく資金管理をしたほうが利益が上がりやすい。彼らはマーケットの動きを頻繁にチェックして、必要ならば損切りやポジションを調整していく手法が向いている。このタイプは、トレードを仕掛けたあと、リスクを確認することも管理することもできない南の島に出かけてしまうようなことはすべきではない。

　このことをサーフィンの例で考えてみよう。リスク嫌いのトレーダ

ーは小さくても頻繁に来る安定した波の割れ目を探すサーファーと同じだ。彼らは、その日のサーフィンが終わるころには、巨大な波を待つよりも小さい波や中くらいの波にたくさん乗ったほうが良いと思うようになる。

　一方、リスク選好（Ｏ４〜Ｏ６が高い）のトレーダーは巨大な波をとらえたいと思っているため、ありふれたいつもの波は見送って大きな波を探す。彼らはこのようなリスクを許容することができる。

　もしあなたが比較的リスク嫌いのマーケットトレーダーで、波が砕けたところで犬かきをするタイプならば、波のうねり（マーケットの動き）が形成されるところに注意してほしい。そして、その波があなたが望む大きさになる見込みで、そう感じられるときだけサーフボードの上に立ってほしい。もし巨大な波が形成されそうなときやマーケットに不安定感が広がりそうなときは、あなたのリスク嫌いの度合いには見合わないため、間違ってそれに乗らないように気をつけてほしい（特にＮ５の衝動性も高い人は）。

　このようなときは、どれほど魅力的に見えてもサーフボードに腹ばいになった姿勢を維持して巨大な波をやりすごしたほうがよい。10メートルのうねりは大波好きのサーファーに任せておけばよいが、彼らは岩礁に激突する可能性もある。このようなときは、あなたのスタイルにも好みにも合った２メートルの波がこのあといくらでも来るということを自分によく言い聞かせてほしい。リスク嫌いのトレーダーは、マーケットのボラティリティが高い間は苦しくても傍観に徹するのが最もよい。

　一方、大きなリスクをとるトレーダー（Ｏ４〜Ｏ６が高い）は、大きいドローダウンや凹凸があったり、多少傷つくことがあったりするかもしれないと十分分かっていても、大きく勝つ可能性に引かれる。彼らは大きい利益を得られるならば大きいリスクをとってもよいと思っている。彼らは大きいリスクをとるときの刺激と挑戦を楽しみ、そ

れを自ら求めていく。

　彼らはオアフ島のノースショアに大きな波が押し寄せる12月末に合わせて意気揚々と出かけていくサーファーたちだ。彼らには大きなポジション（自分の資産に対して大きいということで、ほかの人のポジションよりも大きいということではない）のトレードが適している。ポジションが小さすぎると（小さい波だと）、リスク選好型のトレーダーは退屈して居眠りしてしまうかもしれないからだ。ポジションに対する集中力を失って十分な観察を怠り、誤った判断を下す可能性もある。これは彼らの関心を引くほどの金額ではないからで、この態度は少なくともそのトレードが破綻するまで続くだろう。

　また、大きいリスクをとる人はポジションを長く保有できる。彼らは、トレードの途中で必ずある不安定な状態を許容できる。大きなブル相場やベア相場がまっすぐ上げたりまっすぐ下げたりすることはけっしてない。Ｏ４～Ｏ６が高いトレーダーは、マーケットが不安定な時期や大きなスイングを構成する小さな上下動をうまく乗り越えていける。ちなみに、彼らは損切りの逆指値を離して置くことができるし、そうすべきだろう。

　リスク選好のトレーダー（特にＮ５の衝動性が高い人）はボラティリティが低い時期は仕掛けないよう大いに注意すべきだろう。もし今大きなうねりが形成されていないからといって、時間つぶしに小さい波に乗るという誘惑に負けてはならない。必ず退屈するからだ。この落とし穴にはまれば、次に大きなうねりが形成されて全力で集中しなければならないときにそれができなくなる。もしかしたら、小さい波に気をとられて大きい波が形成されていることすら見逃すかもしれない。また、マーケットによってボラティリティが違うことは歴史が示している。リスクをとる大きさによって、うまくいくマーケットといかないマーケットがあるのかもしれない。自分のリスク嫌いの程度に見合う海を探してサーフィンをしてほしい。

もしあなたがO（特にO4～O6）とE5（刺激希求性）とNが高いタイプならば、次に挙げるよくある性格の落とし穴に特に気をつけてほしい。あなたは興奮とスリルを求める傾向によって、それが賢い行動だからではなく、何か活動したいとか生活に刺激がほしいという理由でトレードに誘い込まれる。そして、それが間違いだったことに気づくと、どうしてよいか分からずにパニックを起こす。このような人は高リスクのトレードで1回または数回負けると、神経症傾向が表れてくる。そうなると、今度は興奮を求めるのではなく、純粋に怒りや不安、罪悪感、落ち込み、衝動などによってさらに間違った判断を重ね、損失を膨らませることになる。

　リスク嫌いについて、最後にもうひとつ学んでおいてほしいことがある。リスク嫌いやリスクのとり方は生来の性格によるところが大きいが、それがすべてではない。2006年にチューリッヒ大学病院のキー・ブレイン・マインド・リサーチ・センターの研究者たちが、リスクのとり方を修正できる可能性を示した（「Disruption of Right Prefrontal Cortex by Low-Frequency Repetitive Transcranial Magnetic Stimulation Induces Risk-Taking Behavior」［Journal of Neuroscience］）。彼らは、低周波の経頭蓋磁気刺激法（TMS）を連続して使い、正常な人の大脳皮質のなかの背外側前頭前皮質（DLPFC）という部分の機能を一時的に停止させた。そして、その状態でリスクにさらされた人の判断を測定することができる有名なギャンブルのパラダイムを適用した。その結果、右DLPFCの機能だけを止めて左側は何も変えていない被験者は、非常にリスクが高い判断を下した。この発見は、右DLPFCが一見魅惑的な選択肢やリスクを抑制するのに重要な役割を担っているということを示している。つまり、正常な人が持っているリスクをとるという人間の基本的な能力は、大脳皮質に刺激を与えることで操作できるように見える。

　しかし、なぜこの研究結果があなたにとって重要かもしれないの

だろうか。TMSは難治性うつ病やそのほかの気分障害の治療法としてFDA（米食品医薬品局）に認可されてはいるものの、ほとんどのマーケットトレーダーは右DLPFCを大きな磁石で刺激することなどまずないだろう。ここで知っておいてほしいのは、リスク嫌いがかつて考えられていたほど不変ではないのかもしれないということである。実際、私たちはみんな（自分のことかどうかは別として）若いときは大きなリスクをとっていたのに年をとるとともにリスクを避けるようになっていくことを知っている。

　そればかりか、リスク回避の行動はマーケットの循環パターンのなかで変わるという新しい研究もある。例えば、2009年にダニエル・スミスとロバート・ホワイトロウが行った調査研究（「Time-Varying Risk Aversion and the Risk Return Relation」［23rd Australasian Finance and Banking Conference］）では、投資家のリスク嫌いのレベルは景気が後退しているときは高くなることを初めて実証した。これは直感的に理にかなっているように感じる。ただ、ほかの研究では、個人的な資産の額は、その大きさにかかわらずリスク回避のレベルに影響しないという結果が出ている。これは、もし金持ちの投資家が資産を失っても、彼のリスク嫌いの程度は変わらないということである。

　ここでカギとなるのは、リスク嫌いが必ずしも固定的ではないということである。そこで、その人のリスク嫌いの度合いを観察することと、その度合いがときとともに変わったり、特定のマーケット状況で変わったりするということを知っておくことが重要になる。そして、もしその度合いが変わったときは、それに合わせてマーケット戦略も変える必要がある。

メンタルエッジに関するヒント

●開放性のなかのファセットであるO4とO5とO6はリスク嫌いと

強い相関性があり、特に欲望との関連が深い。
- Oのファセットが高くても低くてもトレーダーとして成功することはできる。ただ、そのためには自分のリスク嫌いの度合いに合わせたトレード戦略を見つけることがカギになる。成功するトレーダーは、自分の性格に合ったボラティリティのマーケットを見つけている。
- トレード期間や、損切りの逆指値の置き方や、ポートフォリオの大きさに対する相対的なトレードサイズなども、自分のリスク嫌いの度合いに合わせたトレードをするうえで重要になる。

第17章

誠実性とトレード

Conscientiousness and Trading

　通常、性格の要素としての誠実性（C）はその人の自制力と忍耐力と目的を達成するための努力の度合いを示す。全体的にCが高い人は、規則にきちんと従う。なかでもC2（秩序）とC3（良心性）のファセットが高い人はその傾向が強い。もしあなたがそうならば、メカニカルなトレードシステムが向いている。システムトレードは規則に基づいたトレードで、システムがいつ、どのトレードをすべきか指示してくれる。システムの判断は絶対で（条件が合えば必ず仕掛ける）、あなたの裁量でそれを却下することはできない。例えば、もしシステムトレーダーがチャートを見てシステムの条件が整っていれば、それ以上の判断過程をへることなく仕掛ける。つまり、価格が気に入らなくても、嫌な「直感」が働いても仕掛けなければならない。

　システムの判断は絶対であるため、システムトレードは完全自動化したトレードに適している。トレードシステムの条件が整ったことを認識できるコンピュータープログラムを開発すれば、トレーダーがまったく（あるいはほとんど）介入することなくトレードを実行（仕掛け、管理、手仕舞い）することができる。実際、このような自動売買を可能にするトレード機器やチャートソフトがマーケットにはすでに多く出回っている（例えばティックコムのビジュアルステーション）。

　私たちが調べた一流トレーダーには、Cが高く、特にシステムトレ

ードに適したＣ２（秩序）が高い人が多かった（KD・アングルについて書いた第24章参照）。Ｃ２が高い人は、自分の公式と明確な規則を守るべきだという思いがある。そして、彼らにとってそのやり方がうまくいく。反対に、Ｃ全般やＣ２が低い人はシステムの指示に従い続けることができない（父のことについて書いた第22章を読むとよく分かる）。このタイプの人は、おそらくKDの章を読むだけでも窮屈に感じるだろう。

　もちろん、トレードシステムのすべてが自動化されているわけではない。例えば、どのシステムを使ってどのマーケットでトレードするのかはトレーダーが決める。そして、衝動的な（Ｎ５が高い）システムトレーダーならば、自分が使っているシステムの規則に従わない傾向があっても不思議はない。しかし、通常は、Ｃが高い人にはシステムトレードが向いている。

　反対に、Ｃが低い人、特にＣ２かＣ３が低ければトレードシステムの規則に従うことに束縛感を覚え、それに従うのが難しいと感じる。ちなみに、もしＣ２かＣ３が低いうえにＯも低ければ、システムトレードを使うのはさらに難しくなる。

　もしあなたのＣの点数が低ければ、裁量トレードのほうがうまくだろう。裁量トレードは判断に基づいたトレードで、トレーダーがいつ、どのトレードを実行するかを決める。裁量トレーダーは、その時点で持っているすべての情報に基づいて最善と思える判断を下す。彼らも何らかの形で明確な規則を持ったトレードシステムを使うことができるが、最後は自分の裁量で実行するかどうかを決める（ゆえに裁量トレーダーと呼ばれている）。裁量は常にシステムよりも優先され、実際そうなっている。例えば、裁量トレーダーがチャートを見るとシステムトレードのすべての条件が整っていたとしても、価格が高すぎるとかボラティリティが高すぎるなどと感じたら却下する。

　裁量トレードもシステムトレードも利益を上げる可能性は同じくら

いある。システムトレードで素晴らしい大成功を収める人もいれば、裁量トレードで大成功している人も同じくらいいる。トレードスタイルはトレーダーの性格に基づいて決めるべきだとする研究もある。

トレーダーのなかには、どのタイプのトレードが自分に合っているのかが、直感的に、あるいは瞬時に分かる人もいる。もしかしたら、彼らは自分の性格について素晴らしい洞察を持っているのかもしれないし、どちらかの手法が「正しいと感じた」だけなのかもしれないし、幸運にも最初に出会った方法がたまたま自分に合ったため、ほかを試していないだけかもしれない。その一方で、システムトレードか裁量トレードか決められない人もいて、彼らにはNEO-AC検査が役に立つかもしれない。ただ、これを最も必要としているのは、ほかの方法を試したことがなく、生来の性格と合わないスタイル（システムか裁量）だと気づかないまま長年使い続け、繰り返し損失を出してきた不幸なトレーダーだろう。

純粋な裁量トレードは、すべてのトレード判断（仕掛けてから手仕舞うまでトレード管理のすべて）を自分で管理したいトレーダーに最も適している。純粋な裁量トレーダーは、コンピュータープログラムにトレードをすべて管理させることには束縛感と不安を感じることが多い。前にも書いたが、過剰な不安はトレードの成功にあまり寄与しない。裁量トレーダーは、芸術的または視覚的な活動経験（絵を描く、文章を書く、ガーデニングをするなど）がある人が多く、O1（空想）やO2（審美性）などのファセットが高い人も多い。

いずれにしても、自分の性格とトレードスタイルを合わせてほしい。誠実性が高い人には規則に基づき細部まできちんと決められているスタイルが適している。一方、誠実性の低い人にとって、高度に構築された手法は欲求不満につながるだけで、失敗する可能性が高い。このようなトレーダーには「大局観を重視するトレード」、つまり細かい規則や公式や分析ではなく、解釈力と創造力を必要とする方法が合っ

ている。

　しかし、もしあなたのＣの値（特にＣ２とＣ３のファセット）が高くも低くもなくて平均的ならばどうすればよいのだろうか。この場合は、もしかしたら両方を組み合わせたスタイルが最も良いのかもしれない。例えば、一部にシステムトレードを取り入れた裁量トレードでもよいだろう。ただ、本物のシステムトレーダーが裁量トレードを取り入れるのはかなり難しい。例えば、裁量トレーダーが仕掛けはすべてシステムに従うが、管理と手仕舞いは裁量で行うということはできる。しかし、トレードシステムの指示にすべて従う純粋なシステムトレーダーにこの選択肢はない。システムトレーダーが厳格な規則を一回でも破ってしまえば、文字どおり裁量トレーダーになってしまうからだ。

　面白いことに、先述のロとレーピンとスティーンバーガーによる性格とトレード結果に関する研究（「Fear and Greed in Financial Markets : A Clinical Study of Day-Traders」）によれば、Ｃが高い人はトレードで大きな利益を上げていた。ただ、これは私たちの研究とは研究対象が違うということを覚えておいてほしい。彼らは、成功したトレーダーと成功していないトレーダーの両方を調べたが、私たちが調べたのは最も成功したトレーダーのみだった。スティーンバーガーはトレーダーたちの話を聞くなかで、成功したトレーダーの半分がメカニカルなシステムを使っていることを発見した。また、残りの半分も厳密に言えばシステムトレードではないものの、注意深く調べた特定のパターンに基づいてトレードしていた。その一方、あまり利益を上げていないトレーダーのなかにシステムトレーダーはおらず、きちんとパターンを調べている人もいなかった。

　これは、すべてのトレーダーがシステムを使うか注意深くパターンを探すべきだという証拠になるのだろうか。少なくとも、多くの人、特にＣが高い人にとっては参考になると思う。ただ、この考えは、Ｃ

の点数が平均か少し低めの人で特定のシステムに従わなくても大成功を収めているトレーダーがいるという私たちの調査結果と矛盾している。実際、一部のトレーダーはシステムを順守しようとしてもうまくいかなかったことを認めている。

　私たちは、誠実性を評価するときにＣ１（コンピテンス）のファセットにも特に注意を払うべきだと考えている。誠実という言葉は、Ｃ１の意味を若干歪めている。Ｃ１の点数が高いことが有能なトレーダーということではない。それよりも、Ｃ１を自信と考えるとよい。自信を持つことはもちろん良いことだ。ただ、それが大きすぎても小さすぎてもトレードや人生全般において大きな問題になりかねない。

　反対に、Ｃ１がかなり高いトレーダーは、自分自身や自分のスキルや知識、自分が作ったシステムなどを過信する傾向があることを覚えておく必要がある。現実に基づかない自信過剰は悲惨な結果を招きかねない。資金管理が不適切で、十分起こり得る潜在リスクを無視するのは典型的な例と言ってよいだろう。簡単に言えば、自信過剰なトレーダーは自分が実際よりも賢くて物事を管理できていると思い込んでいる。

　彼らは、自分だけは初心者のような間違いは犯さないと思っている。自分のトレードパターンやシステムは「完璧」だから、ほかのだれよりも高いパフォーマンスを上げるとも思っている。しかし、そのために自分のデータやツールの精度や重要性を読み違えるかもしれない。また、自分の分析能力を過信していることもある。もっと尊大になると、自分はけっして間違いを犯さないとまで思っている。しかし、このような考えでトレードしていれば、もし今が好調でも、いつかタイタニックのような大事故を起こす。自信過剰はトレードリスクの過小評価につながり、それが失敗の元になるからである。

　一方、私が話を聞いたトップトレーダーたちからは、「マーケットに敬意を払う」「マーケットだけが知っている」という言葉を繰り返

し聞いた。成功したトレーダーは自信過剰ではないし、驚いたことに自分のトレーダーとしての限界を謙虚に認識していた。ただ、このこととＮ６の傷つきやすさが低いこととは違うという点に注意してほしい。

　自信過剰の典型的なシナリオは、「ビギナーズラック」である。初心者トレーダーにはトレーディングがどれほど難しく、どれほどリスクが高いかがまだよく分かっていない。ビギナーはまだ大やけどを負った経験がない。その状況で、新米が運良く、というよりも運だけで続けて数回勝ってしまうと、当然自信を持ってしまう。「大したことなかった、これならできる」と思ってしまうのだ。トレーダーはＣ１が高いほど、この落とし穴に陥りやすい。初期の経験を特別の才能や洞察があるためだと思いこみ、運やタイミングや偶然の幸運だということに気がつきにくくなる。

　おそらくもう次のステップは分かったと思う。最初に味わった幸運で自信過剰になったトレーダーは、どんどん積極的になり、ポジションを大きくしていくが、結局は暴落ですべてを失ってトレードをやめることを余儀なくされる。この予想どおりのパターンは、想像以上によく起こる。もし自分は初心者の段階を過ぎたと思っていても、自信過剰は経験豊富なトップトレーダーにさえふと芽生えることがあるため、どの段階でも典型的な初心者の間違いから学ぶべきことはある。

　それでは、自信過剰はトレードにおいてどれほど大きい問題なのだろうか。それにはカリフォルニア大学バークレー校ハース・スクール・オブ・ビジネスのテランス・オディーン教授がトレードに関して行ったいくつもの研究が参考になる。ちなみに、彼は個人トレーダーの行動と習性についてだれよりも多くの研究を行っていると言われている。オディーンが1999年に『アメリカン・エコノミック・レビュー』に発表した研究（「Do Investors Trade Too Much?」）によれば、「私たちの最大のメッセージは、トレードは財産を減らすということだ。特に

デイトレーダーは、10人中8人以上が資金を失っており、安定的に大きな利益を上げていたのはほんの一握りの人たちだった」。

　それならば、どうすれば80％の負け組ではなく一握りの勝ち組みになれるのだろうか。オディーンの研究によれば、費用控除後に利益がプラスになる人は20％にも満たない投資という世界に引きこまれるとき、自信過剰が重要な役割を果たすという。彼の行動ファイナンスに関する別の研究によれば、ファンドマネジャーの約74％が自分の腕前をほかのファンドマネジャーと比較して「平均以上」だと考えていた。もちろん、これは数学的にあり得ない（50％しか上位半分には入らない）。つまりこのデータは、トレードの世界にたくさんの自信過剰な人がいて、たくさんの失敗が起こっているということを示している。

　衝動性の特性はトレードしすぎを助長するが（第14章の神経症傾向の章参照）、自信過剰も簡単にトレードしすぎにつながる。自分の能力が平均以上だと信じているトレーダーほど、頻繁にトレードしていた。しかし、頻繁にトレードすればトレード手数料も増えるし（長期的に見れば利益を減らすことが多い）、感情的につまずいてパニックを起こしたり、ほかのトレードで連続して誤った判断を下したりする可能性も高くなる。

　結局、これはどの程度自己制御ができているかにかかってくる。Ｃのファセットが極めて高いトレーダーで、なかでもＣ１が高い人は、生活を管理するための秩序を必要としている。特に、自信過剰で、自分にはマーケットを操ることができる魔法のような能力があり、ほかのトレーダーよりもマーケットを分かっているつもりの人は、最高の仕掛けポイントだけを厳選するのではなく、マーケットのすべての動きをとらえようとする戦略を試みる。しかし、オディーンの研究によれば、最も活発なトレーダー（上位25％）の年間リターンは、最も活発でないグループ（下位25％）よりも７％も低くなっていた。

　トレーダーの自信過剰について分かる別の面白い研究

(「Judgmental Overconfidence, Self-Monitoring, and Trading Performance in an Experimental Financial Market」〔Review of Economic Studies〕）もある。この実験では、トレーダーに架空のランダムな価格パターンを見せて、次にどう動くかの予想とそれに対する自信を示してもらった。すると、自分の予想に最も自信があったグループは最も頻繁にトレードしていたが、損失も最も多かった。自信過剰なトレーダーの場合、負けトレードが多いだけでなく、手数料などのトレード費用が多いことも大きな問題になっていたのである。

ここでのポイントは、自尊心やトレードに関する自信をすべて捨て去れということではもちろんない。実際、私たちが行ったNEO-ACの結果を見ると、優れたマーケットトレーダーはほとんどが一般の人よりも若干自信があった（Ｃ１が若干高かった）。ただ、自信の種類が少し違っていた。ここで大事なのは、その自信をどう応用するかなのである。

私たちが話を聞いたトップトレーダーたちは、どんなことがあっても、どんな危機に見舞われても、どんな失敗をしてもそれを処理できるという自信を持っていた。彼らは自分のトレード能力には自信を持っているが、それと同時に必要に応じて柔軟に適応したりとっさの対応をとったりする自信も持っていた。これは、Ｎ６（傷つきやすさ）の低さに表れている。一言で言えば、彼らは窮地に陥ってもそこを抜け出す自信があるのと同時に、いつか窮地に陥ることがあるということも自覚していた。優れたトレーダーは、強い自信と、現実的な慎重さと知恵のバランスがとれていたのだ。

それが分かったことで、優れたトレーダーから何を学べるのだろうか。Ｃ１が高い人は謙虚な気持ちでトレードするほうがよいということである。もしあなたのＣ１が高くて、今仕掛けているトレードに含み益が出ていれば、喜んでも良いがうぬぼれてはならない。マーケットはあなたよりもはるかに大きい存在で、いつ何時予想外の動きに転

じるかは分からないということを常に念頭に置いて行動してほしい。今月、どれほど勝ちトレードが続いていたとしても、マーケットはそれを一気にのみ込むことができる。だから警戒を怠ってはならない。マーケットに対して横柄な態度や偉そうな態度をとるのではなく、敬意を示す。自分の限界を知り、窮地に陥ったときにはすぐに方法を変えられる心の機敏さを持っておいてほしい。

　Ｃ１が高い人は、勝ちが数回続いているときは特に注意してほしい。このようなときこそ、自信過剰がうっかりミスにつながるからだ。このようなときは、警戒を怠りがちで、保有中のポジションを予定よりも長く放置して大打撃を受けることになる。

　ＮＦＬ（米プロフットボールリーグ）の優れたコーチは、選手の才能を理解し、評価している。そして、心のなかでは彼らの実力に自信を持っている。しかし、毎週日曜日の試合の前にはマスコミにも選手にも彼自身にもその日の敵がいかに強いかを説く。彼は意図的に自分のチームの力を過小評価し、相手がいかに強敵かを力説する。そして毎週のように、今日がこのシーズンで最も手ごわい試合になると言う。特に気を引き締めたいときは、相手チームの選手の名前をひとりずつ挙げていく。これがチームにとって最大の脅しになることを知っているからだ。賢いコーチならばアメフトでもそれ以外のスポーツでもこのようなことをよくやっている。

　特に、もしあなたのＣ１とＮ５（衝動性）が高ければ、大きく賭ける前によく考える必要がある。あなたは自信過剰ですぐに判断を下す傾向がある。しかし、衝動的な傾向と自信過剰の組み合わせは、特に大きい問題につながる場合もある。そのため、すべての選択肢をよく考えたうえで判断を下してほしい。実際、「確実にうまくいく」と思っても、資金をつぎ込む前に短い休憩や頭を冷やす時間をとるべきだろう。

　例えば、パソコンをつけてチャートを見ると、自分は無敵だと有頂

天になっているあなたは突然「確実な」トレードを見つけて仕掛けたくてたまらなくなるかもしれないが、ここは一歩下がって考えてほしい。台所に行って大きいコップで冷たい水でも飲むとよい。そして、同じかそれ以上素晴らしいチャンスはこれからもいくらでもあるということを自分に言い聞かせるのである。後悔するよりも安全をとるほうがよいとも言おう。自分自身のコーチになるのだ。このトレードについて自分の感覚以外に、時間をとって論理的に検証したのだろうか。そのトレードがどれくらい危険なのかや、マーケットに潜在的な脅威がないかどうかをきちんと査定したのだろうか。自分が自信過剰になっていないかどうかを冷静に分析したのだろうか。もしマーケットが突然逆行したときには柔軟に計画を変更できるのだろうか。そしてここが大事なところなのだが、もしあなたの感情があなたの理性に「今仕掛けなければ間に合わない、調べている時間などない」とたたみかけようとしているならば、何かが間違っている。仕掛けるのはやめたほうがよい。

　判断過程で非常に役に立つ方法がある。まず、何も書いていない紙の真ん中に縦に線を引いてほしい。そして、判断を下した場合のメリットとデメリットを線の両側に書き出していき、どちらが多いかを比べるのである。

　これは頭の中で行っても実際に紙に書き出してもよいが、トレードを仕掛けるときにもやってみてほしい。線の左側には、そのトレードを仕掛けるべき理由、右側には仕掛けるべきでない理由を書いていく。ここには、理論的な理由（例えば、「明日は遠出するから、仕掛けても現実的に管理する時間がない」）と感情的な理由（「今月最高のシグナルだ。だまって見逃すくらいならば仕掛けて損したほうがましだ」）の両方を書いてよいが、どちらのタイプかは分かるようにしておく。実際にこのようなリストを書き出してみると、状況を分析できるうえに、成功を脅かす最大の理由の２つ――自信過剰と衝動――を取り

除くことができる。最後にリストを見比べて、メリットのリストがデメリットよりも明らかに劣っていれば、トレードを仕掛けるのはやめる。

このメリットとデメリットを書き出す方法は、CBT（認知行動療法）に不可欠なテクニックのひとつである。これは練習を重ねるほど、これをすることでしか見つからなかった落とし穴に気づくのがうまくなる。多くの人は判断を下すときに頭の中でこのリストを作っている。ただ、実際に紙に書き出し、両側を見比べてどちらを重視すべきかを目で見ることができるほうが、頭の中のリストよりもはるかに効果がある。

最後にリストとは別に、自分がマーケットに十分な敬意を表しているのか、それとも単にうぬぼれていたり自分をごまかしたりしているだけなのかを、自分にきちんと向き合って問いかけてほしい。その瞬間の動機を検証し、自分自身に対してどれくらい正直になっているのかを確かめるのだ。あとは、常に意識的に行動してほしい。つまり、起こり得るすべてのトレードリスクを意識する。もし少しでも懸念があるときは、トレードを仕掛けてはならない。そしてもう一度「これからも素晴らしいトレードはたくさんある」と自分に言い聞かせてほしい。

もし自分が横柄な態度をとっていると何度も感じたら、少し長めの休憩を取ったほうがよい。そして、すべてのトレードを手仕舞い、マーケットに対して新たな気持ちで敬意を持って臨めるようになるまでは、トレードを中断してほしい。

反対に、Ｃ１のファセットが低い人の場合は、自分を疑ったり自信不足になったりする傾向がある。このようなトレーダーは、ポジションを仕掛けるべきことを示す大量のデータがあっても、「引き金を引く」ことができない。このタイプは、データを適切に分析して正しい結論に達する能力が自分にあるのかと疑ってしまうことがある。また、

すべきことをすべて終えていても、まだすることが残っていたり見落としていることがあったりするのではないかと心配になる。この特性を克服するためには、時間をとって自分に向かって十分準備をした、能力もある、優秀だ（実際そうならば）などと確認するとよい。

Ｃ１が低い人は、本書の冒頭で紹介したCBTの手法を使って次の合言葉を何度も繰り返してほしい。「マーケットでトレードするときに確実と言えることは何もないし、マーケットの秘密を解き明かすカギはだれも持っていない。でも自分は徹底的かつ注意深く調べた。自分にはそれをする能力があるし十分優秀だ」

Ｃ１が低いトレーダーは、トレードが失敗だと分かっても勇気を持って事実を直視し、自分は少なくとも戦いに十分備えた、失敗の原因が何であれそこから学び、次の戦いに生かして勝つのだと自分に言い聞かせてほしい。優れたアメフトコーチが大敗して落胆したチームに新たな自信を吹き込むことができるように、あなたの心もトレードで成功できるのだと自分自身に思い出させ、激励する必要がある。これは特に負けトレードのあとに必要なことで、自分の分析能力を疑いたくなるときには、自分の優れた点を認識し、再びトレードを始められるよう手助けしなければならない。そして、この自己不信の特性によって次の良いトレードチャンスを見逃してしまうことを阻止しなければならない。

自信がないトレーダーに有効なもうひとつの作戦は、トレードグループに入ったり、メンターをつけたり、友人や配偶者や家族などに協力を頼んで、肯定的な意見を言ってもらったり、あなたには必要なトレード能力があるという声掛けをしてもらったりするという方法である。また、あなたが尊敬する人に自分が優れたトレード能力があることを見せる機会を作るのもよい。その人があなたの能力を認めてくれれば、あなたのなかに自信が育っていく。

メンタルエッジに関するヒント

- 自分の性格に合うトレードスタイルを選ぶ。非常に誠実な人（Cが高い）は良いシステムトレーダーになり、Cが低い人は裁量トレードが向いている。もしCが平均に近ければ、２つを組み合わせるとよい。
- 自信過剰は多くのトレーダーに大きな問題をもたらし、損失を招く可能性があることは数々の研究が示している。だれでも自信過剰になることはあるが、性格によってそうなりやすい人もいる。自分がそのタイプかどうかは、Ｃ１のファセットを見れば分かる。
- 偉大なトレーダーはＣ１の点数が平均よりも若干高いが、彼らはマーケットに敬意を表したうえで、この性質に適応し、健全な形でトレードに取り入れる能力を示していた。あなたもそうするとよい。
- マーケットに敬意を表する。そのうえで、もし窮地に陥っても自分にはそこから抜け出すためのスキルと知力があるということに自信を持ってほしい。
- 勝っても負けても自分自身のコーチになる。マーケットの次の動きを考えるときは、メリットとデメリットの両方を明確にする。リスクも査定する。この過程で、論理的な理由と感情的な理由の両方を認める。そうすることで、リスクのひとつである自信過剰による判断を排除できる。

第18章

楽観主義とトレード
Optimism and Trading

　人間が持つ楽観という特性は、自信と少し関係があるが、同じではない。楽観主義の人は外の世界に対して肯定的に感じるのに対して、自信がある人は自分自身に対して肯定的に感じる。楽観主義は、NEO-ACのファセットではE6（良い感情）で把握することができる。

　過剰に肯定的な人、あるいは過剰に楽観主義な人は、世界を「バラ色のレンズ」を通して見ている。彼らは否定的な情報を見逃したり、排除したり、単純に無視したりする傾向がある反面、自分の肯定的な見通しを裏づける証拠は積極的に探す。つまり、自分が見たいものを見ようとする。

　E6が高いトレーダーは、特定の負けトレード（または負けトレードがもたらした否定的な結果、罰、損失など）を忘れるかもしれないが、勝ちトレードに関する記憶は強く残っている（誇張されたり偽っていたりする場合もある）。彼らは頭の中でデータを選別し、その状況や考えのメリットだけを見て、デメリットには目を向けない。実は、自己を正当化するためのデータを探し、否定するデータを忘れることは、心理的防衛の一種でもある。

　人間の頭は、受け入れるデータについて非常に選択的になり得る。1999年にハーバード大学で行われた実験がこのことを証明している。ウェブで公開されている「見えないゴリラ」（http://www.youtube.

com/watch?v=vJG698U2Mvo）の動画を見れば、選択的認知について自分の目で確かめることができる。この実験を簡単に説明すると、被験者は何人かの若者がバスケットボールをパスし合っている短い動画を見せられる。若者の半分は白いシャツ、残りの半分は黒いシャツを着ている。

　被験者は2つのグループに分けられ、この動画を見る。ひとつのグループは白いシャツの人たちが何回パスをしたか数えるよう指示され、もうひとつのグループは、ただ動画を見るよう指示される。この動画では、始まってからちょうど半分くらいのところでゴリラの着ぐるみを来た人が画面を横切る。ゴリラは画面中央にさしかかったときにしばらく踊りのような動きをしながらはっきりとカメラ、つまり視聴者を見る。ゴリラははっきりと画面に映っており、視聴者をまっすぐ見つめる。ところが、ただ動画を見るように言われたグループは自然にゴリラがいたことに気づいたのに対して、パスの数を数えていたグループは56％しかゴリラの存在に気づかなかった。この実験は、人間の脳がデータを選別して知覚で入力しており、選別しているのがささいなことばかりではないということを証明した。

　Ｅ６（楽観主義、期待する結果について過剰に肯定的で確信がある）かＣ１（細かい点まで気を配るが自信過剰になりやすい）がかなり高いトレーダーは、重要な事実（ゴリラ）を見逃す可能性がある。過剰に楽観的な人は、実はほかの人にとっては当たり前のことを見落としたり受け止められなかったりするといったことがよくある。

　これは、このタイプの人が証拠に目をつぶったり、それを理解する能力がなかったりするわけではない。ゴリラは目の前にいて、真っすぐ彼を見ている。むしろ、これはほかのもの——別の現実や期待した原因と結果を知覚するため——を信じる必要性にかられた結果起こることが多い。そして、この「必要性」が分析に組み込まれると、自分のエゴに巻き込まれる。トレーダーがよく言う「自分の意見と結

婚する」状態である。彼らにとって、自分の先入観から逃れるのはとても難しい。

　トレーダーのなかには、その性格のせいでトレードするときにいつも同じバイアスがかかりやすい人もいる。一部の人にとってはマーケットの特定の考え（強気か弱気か）だけに目を向け、確信してトレードするほうがやりやすいのだ。同じようなインプットを繰り返し選別し続ける行動や考えが性格に組み込まれていればなおさらだ。私たちは、同じようなチャートパターンや指標を探すが、良いトレーダーは常に視野を広げ、マーケットを複数の視点や新しい視点で見ようとする。

　私たちが話を聞いた最高のトレーダーたちは、自分がさまざまな脳のフィルターを持っていることを知っていた。彼らは、意図的に１つのフィルターを外して別のフィルターを使うことができる。こうすることで、彼らはマーケットをさまざまな角度から見て得たさまざまな情報に基づいて判断を下すことができる。また、脳がときには情報をフィルターにかけるということを認識していれば、簡単に同じ落とし穴にはまったり同じ間違いを繰り返すこともない。

　脳の異なるフィルターを使う簡単な例を紹介しよう。トレードの可能性を評価しているとき、２つの時間枠を使わなければならないときがあるとしよう。例えば、マーケットの全体的な方向には長い時間枠で、個別の仕掛けや手仕舞いには短い時間枠を使うとする。経験が浅いトレーダーはこの２つのチャートを同時に見ると、長期と短期を混同しやすい。もし月足チャートか年足チャートでは最高の買いのチャンスなのに、日中のチャートには明らかな売りシグナルが出ていれば、身動きがとれなくなってせっかくの動きを見過ごしてしまったり、間違って日足チャートのシグナルで買ってしまったりするかもしれない。ここでは、２つの時間枠の視点を同時に考慮することがカギとなる。もし週足チャートや月足チャートが「買え」と叫んでいても、日足チ

ャートは「売れ」と叫んでいれば、日足チャートで明確な買いのサインが出るまで待つほうがよい。

　マーケットでトレードすることは、ゴリラの動画でパスの数を数えるのとは大きく違う点がある。動画のなかでは、バスケットボール以外を無視して意図的にボールだけに集中することが簡単にできる。しかし、マーケットでトレードするときはさまざまな情報やデータやトレンドなどに注意を向けなければならないし、もちろんそれを同時に行わなければならない。トレードでは、画面上のほぼすべての動きだけでなく、そこには出ていないさまざまな情報も知っておかなければならない。勝つトレードを実行する前に頭の中で処理しなければならないデータは、けっして少ない量ではない。

　繰り返しになるが、頭の中で、いくつもの「フィルター」を使い分ける訓練をする必要がある。そして次にさまざまなデータの流れをひとつのモデルや計画に融合させる方法を学ばなければならない。もちろん、これは言うのは簡単だが、実行するのは難しい。しかし、トレードの世界の偉人たちはこれをしている。さまざまなフィルターを使ってマーケットをさまざまな角度から検証し、あとは強い決意を持って臨んでいることが、偉大なトレーダーとそれ以外を分ける本当の違いなのである。ただ、話を聞いたトレーダーはだれひとりとしてこれが簡単だとも自然にできることだとも言わなかった。彼らはみんな、これをするためにとてつもなく集中し、専念しなければならないと認めていたのである。

　性格特性としての楽観主義は、ビジネスマンや政治家ならば人々を引き付けることが多い。彼らは非常に前向きな姿勢を持っている。そして、ものごとはうまくいくか、より良くなると信じている。この楽観主義がみんなを引き付けるのだ。支援者や部下に悲観的な将来を語る政治家やCEO（最高経営責任者）はあまりいない。ただ、マーケットのトレードという分析を大いに必要とする作業において、楽観的

すぎる人は表面的な分析ですませる傾向がある。彼らはマーケットで見られる重要な否定的証拠を無視するかもしれない。もしあなたがE6が高いタイプならば、このような傾向に気をつけてほしい。楽観的すぎるあなたは、マーケットで危険が大きくなっていることに気づかなかったり、現在のポジションのリスクの高さや不安定さを認識していなかったりする可能性がある。そして、気づいたときにはエクスポージャーが大きくなりすぎているかもしれない。

もしあなたがE6が高いタイプならば、すべてのトレードやトレードシステムやトレードのアイデアについてメリットとデメリットの両方をすべて考慮してほしい。このとき、前の第17章の誠実性のところで紹介した手法も役に立つ。検討しているトレードがあるときは、それを後押しする理由のリストと反対する理由のリストを作成するのだ。こうすれば、嫌でも両方を適切に評価できる。E6が高い人はデメリットを見逃したり無視したりする傾向があるため、そこに注意を払うよう自分に強制する必要がある。

E6が高い人にとってもうひとつ役に立つ方法(実際にはすべてのトレーダーの役に立つが、E6の高い人には特に必要)は、想定できるさまざまなシナリオを練習することである。例えば、マーケットである動きが起こると強く確信しているときは、頭の中で「もし~だったら」と自問してその事態に備えてほしい。「もし寄り付きで前日の安値を下抜いたら」「もし価格Xで注文が執行されなければ」など、できるだけ多くのシナリオを考えておけば、固定観念や誤った仮定にとらわれるのを健全な行動パターンによって積極的に防ぐことができる。

もしE6が高い人がO5(アイデア)のファセットも高ければ、一時的な流行や誇大広告に引き込まれたり(場合によっては押し流されたり)するかもしれない。もしあなたがそのタイプならば、「うますぎる話」に乗せられないようによく注意しておかなければならない。

例えば、どこかのバイオテクノロジー企業の独自のタイムリーなアイデアが素晴らしそうだというだけでボロ株に資金をつぎ込んではならない。もし、この企業が資金的にも組織的にも堅実でなければ非常にリスクが高い投資なのに、バラ色のレンズ（Ｅ６）を通して見るうえに、新しい発想に対する開放性（Ｏ５）まで高ければ、その危険性に簡単には気づかないかもしれない。

　反対に、Ｅ６が低いトレーダーは、生来、外部の状況や出来事に対して悲観的に見る傾向がある。彼らは何でも常に「グレーのレンズ」を通して見ている。そして、特に問題がなくても過度に厳しく否定的に見る傾向がある。特に、何かが始まりそうなときはそうなる。私たちは、本当にひどい状態に直面すれば、それに簡単に気づく。しかし、Ｅ６が低いトレーダーは、反対の状態に向かっているヒント——厚い雲が遠のき太陽が見え始めているとき——を見逃すリスクがある。彼らは、マーケットがすでに順行し始めて手遅れになってからやっと気づくのかもしれない。

　もしあなたがＥ６が低いタイプならば、自分には物事を厳しく見る傾向があるということを常に客観的かつ中立的に自覚しておいてほしい。つまり、あなたは水の入ったコップを見て半分空だと思うタイプだということを覚えておく必要がある。あなたはそのために、ささいなマイナス面などに必要以上に注目して素晴らしいトレードチャンスを取り逃がしてしまうかもしれないのだ。悲観主義者が効果的にできることのひとつに、自分の否定的な見方について日誌をつけ、それが実際にはどう進展したかを検証するという方法がある。それをすれば、自分が実際よりも悪く評価してしまうパターンが見えてくるかもしれない。この傾向を観察し、理解し始めれば、事前に自分自身を修正することができるようになる。

　物事をバラ色かグレーのレンズで見る以外に、小さくて狭いレンズで見てしまうタイプもいる。Ｏ５（アイデアに対する開放性）が低い

人は、新しい方法やそれまでと違う方法について心を閉ざしたり偏狭だったりする傾向がある。私たちはみんな心理学者が言うところの「狭いフレーミング」の影響を受けており、全体像を見ないで特定の箇所だけを見て判断を下してしまうことがある。O5が低い投資家やトレーダーは、大きな枠組みを考慮せずに個別に判断してしまうリスクがある。彼らは、特定のトレードや投資が全体のポートフォリオでどのような位置を占めるのかや、自分のトレード哲学に見合うのかなどといったことを考えることができないのかもしれない。そうなると、自分のやり方以外には心を閉ざして分散投資のチャンスを逃すこともあるかもしれない。例えば、長期が専門のトレーダーで短期や中期のトレードは「リスクが高すぎる」として考慮すらしない人は、実際には視野が狭くてポートフォリオに短期トレードを含めることのメリットをきちんと検討したことがないのかもしれない。

メンタルエッジに関するヒント

- すべての性格特性について言えることだが、楽観の程度が高くても低くてもそれぞれに強みと弱点があるということを覚えておく。より楽観的だったり悲観的だったりすることがより有利になるということではない。大事なことは自分自身をよく知り、自分の強みを利用し、弱点を最低限に抑えることなのである。
- マーケットの情報を分析するときは、頭の中のフィルターをすべて使うことを覚える。できるだけ物事を新しい視点で見たり解釈したりするよう努力する。いつもと同じ方法で取り組むのをやめてみるとよい。そのためには、ほかの人のアイデアや戦略について学んだり取り入れたりするのもよい。
- 安定的に成功するトレーダーになるためには、常にほかのトレーダーの手法やアイデアを参考にするのもよいが、マーケットを見ると

きは自分独自の心のレンズを使わなければならない。私が子供のころ、父をまねようとする教え子たちが数えきれないほどいた。しかし、父の最高の弟子、つまりプロのトレーダーになった人たちは父やそのほかのトレーダーのアイデアを自分の戦略に取り入れた人たちだった。マイケル・ジョーダンのまねをしても大成功を収めることはできないのである。

第19章

興奮とトレード
Excitement-Seeking and Trading

　マーケットの投機家でE5（興奮を求める）のファセットが低い人はあまりいない。たいていは平均かそれよりも高くなっている。

　前にも書いたとおり、E5のファセットはスリルや快感を求める傾向を表している。また、これはトレードで問題を起こしたり依存症に陥ったりするかどうかに大きく影響する。言い換えれば、このタイプは、トレードという技術と科学をギャンブルに変えてしまう。

　E5が高めのトレーダーは、頭の中に隠れた落とし穴があることをぜひ覚えておいてほしい。このような人は、マーケットで期が熟したからではなく、人生で得られていない満足感を満たすためだけにトレードを仕掛けることがあるからだ。

　例えば、結婚生活や恋人とのわくわくした気分が落ち着いてしまうと、そのわくわく感をマーケットで埋め合わせようとする人がいる。トレードは間違いなく失われたわくわく感を与えてくれる。もしマーケットに依存しているというほどではなく、気分が良くなるためだけにトレードしているわけではないにしても、E5が高い人はマーケットを脳の報酬中枢である偏桃体が簡単に刺激を得られる場としてとらえている可能性がある。興奮を得るために、本来仕掛けるべきではないところでトレードを仕掛けることがないよう本当に気をつけてほしい。

この落とし穴を簡単に避ける方法のひとつは、人生でほかに興奮を得られることを見つければよい。トレードは仕事であって麻薬ではない。もし人生や結婚生活にもっとわくわく感が必要ならば、それに直接取り組むか、少なくともその代わりとして何か健全に興奮を得られる方法を探すべきだろう。マーケットをそれに使ってはならないし、それをすれば間違いなく金銭的に破綻する。「チープスリル」（安上がりなスリル）という言葉を聞いたことがあるだろうか。残念ながら、多くの人、特にＥ５が高い人にとって、マーケットは簡単に「高いスリル」になってしまう。

　一方、私たちが調べた優れたトレーダーたちは、Ｅ５の値が平均的だった。つまり、Ｅ５が高いギャンブラーと比べて、優れたトレーダーには人生で得るはずの興奮を埋め合わせるためにトレードをする傾向はなかった。彼らは興奮を求める必要にかられるタイプではなかったのである。

　さらに言えば、興奮を求める気質は、自信過剰と同様にトレードしすぎをもたらす大きなリスク要因になるという調査もある。つまり、Ｅ５とＣ１がどちらもかなり高い人は、かなり気をつけておかなければならない。例えば、興奮を求めるタイプの人は、積極的で活気に満ちたトレードスタイルを望んだり、必要としたりしているため、それを満足させる十分な数のトレードができないと、システムが指示も確認もしていないトレードまで仕掛けようとすることがある。あるいは、マーケットにあまりボラティリティがないと、「活気がほしくて」トレードしすぎてしまうこともある。つまり、もしあなたが誠実性（Ｃ）と刺激希求性（Ｅ５）のファセットが高いタイプならば、脳が求める興奮を十分満足させるため、頻繁にトレード指示を出すシステムを選ぶようにしてほしい。

メンタルエッジに関するヒント

- マーケットを遊びや楽しみや興奮を満たす場として使ってはならない。トレードは娯楽ではなく仕事と考える。
- 自分がマーケットにスリルを求めていると感じるときは、同じような興奮をもっと安全に経験できる方法を探すとよい。必要とあらば近くのスカイダイビングスクールを訪ねるのもよいかもしれない。人生の空虚さを埋める方法が見つかれば、マーケットを麻薬の代わりに使おうとする傾向を抑えることができる。
- もしあなたの刺激希求性（E5）が高ければ、そのリスクを認識したうえで、トレードスタイルやトレードシステムはあなたの「スピード感」を満足させるペースで仕掛けられるものを選ぶとよい。

第20章

幸せになるための秘訣
The Secret to Happiness

　この世で幸せになるための秘訣は何だろうか。永続的な幸せをつかむための秘訣とやらを喜んで伝授しようとする人はたくさんいる。しかし、ここではこのことに関する科学的な調査結果を紹介していく。

　研究者が幸福度の基準として用いる主観的人生満足度（SLS）という尺度があり、これは「幸福の経済学」でもよく使われている。主観的人生満足度は主観的な幸せと呼ばれることもある。そして、これを測定するための正式な尺度もある。

　主観的人生満足度は簡単に言えば、ある人が人生全般にどれくらい満足しているのかを、肯定的感情（PA）と対比して示す。ちなみに、肯定的感情は人生のある時点でどれほど幸せに感じているかということを表している。人生全般の満足度には、個人的な目標を達成できたか、周りの人たちよりも劣っていないか、今だけでなく、だいたいいつも幸せかなどといったことを人生全般について考えていく。つまり、人生の満足度は、感情とは違って長期的な基準なのである。

　性格の「二大因子」である神経症傾向（N）と外向性（E）も主観的人生満足度と肯定的感情の両方に関連している。NEO-ACを開発したコスタ博士とマクレイ博士は1980年に『ジャーナル・オブ・パーソナリティー・アンド・ソーシャル・サイコロジー』で、NとEの点数を見れば幸福度や人生の満足度と、不幸度や人生の不満足度

の差を10年前に予測できることを示した(「Influence of Extraversion and Neuroticism on Subjective Well-Being : Happy and Unhappy People」)。つまり、研究者たちは性格検査からその人が人生に満足するかどうかを予測できるというのである。

ただ、幸せの科学にはまだ先がある。長期の幸せ(SLS)には次の3つのカギとなる要素があるということが分かってきたのである。

1．自主的な目標を追求する能力
2．何か意味のあることに熟達したりスキルを身につけたりしたという思い
3．ほかの人たちと関係を築いているという実感

まず面白いのは、お金を儲けることが長期的な幸せのカギとなる要素に入っていないことである。次に、自主性と熟達はマーケットでトレードするときにも必要な特性である。つまり、マーケットはこれらを見つけ、育むことができる素晴らしい場所でもある。

自主性は、自分の責任で行動したり判断したりすることを意味している。そして、マーケットはまさにそういう場を提供してくれる。トレードを仕掛けるときに引き金を引くのはあなたであり、あなたしかいない。さまざまなところから情報を集めたり、助言を受けたりしたとしても、最後に判断を下すのはあなたなのである。そして、その結果が良くても悪くても、それを背負っていかなければならない。フルタイムのトレーダーならば、あなたはあなたの上司でもある。自分が始めたい時間にトレードを始め、最も生産的だと思われる時間にトレードをする。現代の技術のおかげで、静かで快適な自宅でも、込み合ったにぎやかな喫茶店でもトレードできる。休暇だって、上司の許可を得ないでも好きなときにとれる。

そして何より大事なのは、プロのトレーダーとして、上司に指示さ

れた方法ではなく、自分が望む方法でトレードを仕掛けることができることである。トレーダーとして、あなたは個人企業を経営し、すべての判断を下している。実際、トレーダーにはどの企業家よりも自主性が必要となる。トレーダーには、満足させなければならない顧客がいない。管理すべき従業員もいない。諸経費もない。在庫もない。あるのは最低限の帳簿づけと最低限の専用機器か技術だけだ。つまり、トレードは本当に自力で運営したい人にとって、最高の個人企業なのである。

スキルを習得することに関して言えば、だれにでも何かしらはうまくできる才能が備わっている。私が子供のころ、父は繰り返し「おまえがどんな職業を選んでも、それをうまくできるならばかまわない。たとえドブさらいの仕事でも、最高のドブさらいになることができれば幸せになれる」と言っていた。なんと賢い教えだろう。私も自分の子供たちや患者の多くに同じ言葉を伝えている。

この世界で幸せを探す秘訣はアイデンティティを持つことであり、そのためには何かに熟達すればよい。何かに熟達すれば、それは成功することであり、自分を成功者と位置づけることができる。そうすれば幸せを感じられる。このとき、極めるのは何でもかまわない。家事を極めるのでも、古い改造車を修理するのでも、外国語を学ぶのでもよい。そして、一部の人にとってはそれがマーケットについて学ぶことかもしれない。マーケットは知的にも心理的にも壮大な挑戦の場であるため、それを学んで理解することで得られる幸せという報酬も相当大きくなる。

マーケットで上げる利益が希望したほどではなかったとか、予定したほどではなかったと失望する人は多い。しかし、彼らはマーケットに挑戦した人たちのほとんどが、ひどく失敗して結局資金を失っていることを忘れている。つまり、マーケットでトレードしてかろうじてトントンになっていれば、現実的にはトレード能力が一定の水準に達

したと言える。しかし、トントンになるためにトレードする人はいない。つまり、ここには「ずれ」が生じている。心理的には、トレードで利益を上げるという段階を過ぎれば、熟達するという部分により集中でき、ポートフォリオの動きに関係なくトレーダーとして幸せになれる。そして、長期的には幸せなトレーダーのほうがより賢く、注意深くトレードして成功している。

　長期的な幸せのカギとなる3つ目の要素は、ほかの人と関係を築いていると実感できることで、これは多くの個人トレーダーにとって体験しにくい。彼らの場合、そのために外に出て機会を探さなければならないからだ。もし自分がトレードで自立した生活を送れており、トレーダーとして熟達もしているのに、それでも幸せな人生だと感じられないならば、パズルの3つ目のピースである他人との関係について考えてみてほしい。ほかの人たちと交流する機会を探すのである。これは、マーケットについてほかのトレーダーたちと語り合うのでもよいし、ボランティア活動に参加するのでも、教会に行ったり集会に参加したりするのでもよい。

　ちなみに、Nが低くてEが高い人は、SLS（幸福感）を得やすい。しかし、それ以外の人はそのために多少の努力が必要となる。トレードはもちろん必ず利益が上がるものではないが、大事なのはマーケットにかかわることで自立と能力を実感することができるということにある。あとは、マーケットがトレーダーに個人的なつながりや充足感を与えられることを期待しよう。

　お金を得るためだけにトレードをしているとむなしい活動になり、長期的な幸せにつながらないかもしれない。トレーダーとして幸せの3つの要素（自立、熟達、関係）を満たすことがなかなかできないと感じている人は、トレードの仕事には適していないのかもしれない。トレード中にトレード結果と関係なく常に否定的な感情を持っている人は、これが自分にとって正しい道なのか、追求すべき道はほかにあ

るのではないか、と自問してみてほしい。人生は楽しくあるべきだ。そしてトレードも楽しいことのはずだ。トレーダーという仕事を楽しめていないならば、自分の資質を再評価し、再配分する必要があるのかもしれない。

トレードに関する感情の起伏をうまく評価し追跡するためには、自分の気持ちを日記や日誌に記録するとよい。このためのしゃれた高価なソフトウェアも市販されているが、ノートと鉛筆があれば十分だ。最も良いのはトレードの前と間と終わったあとの感情を記録することである。ただ、この記録は他人のためではなく自分だけのためなので、あまり細かく書く必要はないし、文法なども気にしなくてよい。トレード日の気分を独自の尺度で評価するのもよい。あとは、気分と一緒にその日のトレード結果も記録し、気分と関連づけてみる。この記録は、少なくとも１カ月は継続してつけてほしい。

日誌をつけるときに自問してみてほしい質問の例をいくつか挙げておく。

1. 今日、トレードしているときに楽しいとか悲しいとか感じたか。そう感じた理由は何か。
2. 今日、トレードしているときに不安やストレスを感じたか。そのきっかけは何か。
3. 今日、トレードしているときに集中してエネルギッシュにできたと感じたか。今日、何かいつもと違うことをしたか。
4. 今日、トレードしているときに失望を感じたか。それをどのように乗り越えたか。
5. 今日、トレードしているときに自分には勝つ力があると感じたか。
6. 今日、トレードが計画どおりにいかないときに自分を責めたか。それは本当に自分のせいだったのか。
7. 今日のトレード結果に満足しているか。目標は達成できたのか。

そもそも、今日のトレード目標を設定してあったのか。
8. 今日、トレードしているときに怒ったり、短気になったり、イラついたりしたか。だれ、または何に対してそうなったのか。その感情にどう対処したか。その対処の仕方は健全だったか。
9. 今日、トレード中に起こったことをうまく制御できたと感じられたか。それを継続することができたか。
10. 今日、トレードしているときに衝動的な判断を下したか。どうすればそれを防ぐことができたか。

　自分の感情の起伏を一定期間記録していくと、自分の否定的なムードや感情（不安、怒り、敵意、疑念、罪悪感など）が主に負けトレードに関連しているのか、それともトレード結果に関係なく起こっているのかがつかめてくる。

　もしトレード中に全体的に肯定的な感情（負けていてもいなくても、どれほど「きつい仕事」でも）を持つ傾向があれば、あなたにとってトレードは健全で適切な活動だと確信してよい。頭の中が肯定的な状態にあれば、効果的なトレードができる強力なトレーダーになれる可能性が高い。

　幸せと創造性について研究し、それについて詳しく書き記しているハンガリーの心理学者、ミハイ・チクセントミハイは、だれでも（運動選手でも芸術家、チェスプレーヤー、経営者でも）、自分自身を肯定的にとらえている人はパフォーマンスが最適化されるということを示した。

　ただ、トレード中に否定的な感情が優勢ならば（特にトレード結果に関係なくそうならば）、トレードがあなた自身の全体的な幸福感を下げているということを理解しておく必要がある。そして、否定的な感情はマーケットで熟達するための認知能力（集中力、パターン認識力、判断力、計画力、計算力など）の妨げになる可能性が高いため、

パフォーマンスも下がり、トレーダーとして成功することはおそらくないだろう。結局、否定的な感情は、あなた自身やあなたのトレードの良い点をしのいでしまうのである。

最後に、投資やトレードにおいて感情が基本となるということを覚えておいてほしい。欲望や後悔、恐れ、怒り、パニック、驚き、興奮、安堵、疑いなどはどれもすべてのトレーダーが持つことがある自然な感情である。これらの感情は、練り上げたトレード計画を台無しにしてしまうこともあるが、自分自身や自分のトレード習慣を理解する助けになるという意味では非常に貴重でもある。自分自身を早く理解し、どのようなトレードスタイルが自分に最適で、なぜ同じ間違いを繰り返すのかなどといったことを知るためには、これらの感情のすべてを受け入れなければならない。トレードの感情の部分を閉じてしまってはならない。感情を記録することは「女々しく」見えるかもしれないが、自分の感情に反応するのではなく、それに対処できるようになるための最高の方法のひとつなのである。

メンタルエッジに関するヒント

- 自分のしていることを楽しめる能力は、それをする能力に大きな効果をもたらす。
- 実際のパフォーマンスと関係なく、トレードとトレーダーでいることを楽しむ。
- さらに幸せなトレーダーになるためには(それが結局は成功につながる)、日々の生活に必ず自立と熟達とまわりとの関係を健全なバランスで組み込む。
- ロケット工学とまではいかなくても、トレーダーの多くは常識を完全に無視したトレードや偉大な最新トレードシステムを開発して一発当てることに取りつかれている。給料に関係なく現在の仕事が楽

しくない人は、職場や仕事自体を変えることも考えてみるべきだろう。トレードの仕事についても同じことが言える。

第21章

依存しすぎるトレーダー
The Overly Dependent Trader

　性格特性の組み合わせによって、他人に過度に依存するリスクを抱えている人もいる。

　まず、依存心が強いトレーダーと独立心が強いトレーダーの違いについて説明しておく。依存心が強いトレーダーは、きちんと調べずに、手早く簡単にその場で利益を上げられる方法を常に探している。彼はみんながしていることをまね、特に間違ったグループについていくことが多い。彼は本当の知識や知恵ではなく、最新の「有力情報」や「インサイダー情報」らしきものを信じてトレードする。しかし、後者は実際にはだれでも知っている価値のない情報にすぎない。依存心が強いトレーダーは、大儲けできると過剰宣伝しているトレードシステム（努力も熟考も必要ない完全自動システム）に引かれることも多い。また、このタイプは計画も立てないし、マーケットの理解もほとんどあるいはまったくないままトレードを仕掛ける。彼らはいつもさまざまな経済学者などの助言やアナウンサーが伝える「専門家」の見方を熱心に聞いている。そのため、彼らのトレードは簡単に行き詰まったり破綻したりする。

　独立心が強いトレーダーは勤勉で、自分が望むものを手に入れるために熱心に力を尽くす。彼らも（私たちもみんな）多少の依存心は持っているが、いつ助けを求めたりほかのトレーダーから学んだりすべ

きかが分かっている。そのようなとき、彼らは次にどのトレードを仕掛けるのかではなく、どうすればより良いトレーダーになれるのかを教えてくれる人を探す。独立心の強いトレーダーは、入念に調べたうえでリスクをとり、それでもうまくいかないときは成功よりも失敗から多くを学べることを知っている。それと同時に、彼らは同じ間違いを繰り返さないよう最善を尽くす。

　それでは依存心にかかわるのはNEO-ACのどのファセットなのだろうか。実は、Nのファセット（否定的感情、特にN1の不安）とE1（温かさ）が高く、E3（断行性）が低く、Aのファセット（特にA1の信頼）が高いトレーダーは、先に述べたような有害な行動に走りやすい。

　ここで、メンターシップという概念について少し書いておきたい。依存心が強いトレーダーは常にだれかからの確認を必要とし、特に尊敬する人（メンターや先生や「カリスマ」など）に確認してほしがる。メンターを持つことは、それが健全な関係、つまりそれぞれの役割が明確ならば悪いことではない。

　しかし、依存心が強すぎるトレーダーは、自分が正しいかどうかを頻繁に確認するためにメンターを持とうとする。彼らのなかには非常に妥当なトレード計画を用意している人もいる。また、具体的にトレードを考えている人もいる。しかし、それをマーケットで実行するには不安が大きすぎてだれか権威を象徴する人に「検印」を押してもらわなければ仕掛けることができない。

　依存心が強すぎるトレーダーは、トレードを仕掛ける前にほかの人に話を聞いてもらって意見や助言を聞きたい気持ちに駆られる。しかし、ほかの人の意見を聞いたことで、自分のマーケットへの理解がぶれ始める。そして、混乱したり、さまざまな意見や新しいマーケットシナリオに圧倒されたりするかもしれない。そうなると、自分のトレード計画から乖離してしまうこともあり得る。

このような投資家は、長時間かけて自己啓発系のトレード本を読み、有名トレーダーから情報や洞察をできるだけ聞き出そうとする。しかし、それをしても他人のスタイルをまねしているだけで、自分に合った独自のトレードスタイルを確立していくことはけっしてできない。

　もし、あなたにこれに近い傾向があるときは、その潜在的な危険性を知っておいてほしい。そして、必要なときはメンターを持ってもよいが、次の原則だけは覚えておいてほしい。

1. 自分に合うメンターを探す。良いメンターはけっして杖にはならない。良いメンターは、あなたに動機づけを与えてくれ、もっと学び、自分の道を切り開き、独自のトレードスタイルを確立したいという気持ちにさせてくれる。
2. メンターの数を絞る。これは、さまざまなアイデアを遮断するということではない（トレード雑誌の購読をやめたり申し込んだトレード講習をキャンセルしなくてよい）。ただ、本当のメンターは必要最低限にしておく。動機づけをしてくれる少数の信頼できるメンターのみでよい。
3. 最高のメンターは、「自己メンターシップ」の仕方を教えてくれる。つまり、健全なメンターシップは永久に終わらない関係ではない。メンターは、自分自身のコーチになる方法を教えてくれるべきなのである。これは飛行機の操縦を学ぶのと似ている。初めて飛ぶときは、もちろん操縦席の後ろにコーチがいてくれたほうがよい。2回目もおそらくそうだろう。しかし、いずれ自分だけで飛ぶための指導を受けたくなり、さらには自分がほかの人のコーチやメンターになりたいと思うようになる。つまり、自分ひとりで自信を持って飛べるようになったら、メンターとのつながりは切る。指導教官が永遠にコックピットにいることは望まないし、それは控えめに言ってもうっとうしく、ひどいときは不健全にも

なりかねない。
4．経験を積んだら、ほかの人のメンターになる。こうすることで、自分のマーケットへの理解がさらに深まると同時に、主観的な人生の満足度も高まる。
5．ひとつだけのトレード手法やスタイルに頼らない。さまざまなテクニックを学び、比較する。複数のトレード手法やスタイルに対して優れた洞察を持っていれば、トレーダーとして成功する可能性は格段に高くなる。ファンダメンタルズやテクニカルの指標を使っていればなおさらだ。自分に最も合ったスタイルに特化する前に、すべてのトレードタイプについてある程度の基本的な知識を持っておくほうが有利になる。

メンタルエッジに関するヒント

- メンターシップがうまくいっていないときはそれに気づく。確信が持てなければ、メンターに聞けばよい。自分はメンターに頼りすぎているか、メンターをいらだたせているか、自力で成長しているかなどについて感想を聞いてみるとよい。
- 何かを学び続けるには、それを教える立場になるのが最も良い。自分の知識や精通度は、ほかの人に説明してみればすぐに分かる。ほかの人のトレードのメンターになれば自分の得になる。

第22章

ケーススタディー —— ラリー・ウィリアムズ
A Case Study : Larry Williams

　学びには、実例やモデルが最も役に立つ。つまり、性格がトレードスタイルと成功に及ぼす影響を学ぶのに、現存する世界屈指のトレーダーを詳しく調べる以上の方法はない。幸い、私にはそれに協力してくれる父、ラリー・ウィリアムズがいる。

　まず、経験豊富で真剣なトレーダーにとって性格検査が活用できることを理解するため、父は「性格を見る顕微鏡」であるNEO-ACを受けることと、トレードに関する面談（検査結果がどういう意味を持ち、性格特性がトレーダーという仕事にどう役に立っているかなどの話）をすることに同意してくれた。この過程は、読者にとって得ることがあると思う。

　まず、父の経歴を紹介しておこう。知っている人も多いと思うが、父は先物の個人トレーダーで、かなり高い評価を得ている。個人トレーダーとは主に自己資金でトレードする人で、父は私が生まれる前からずっとトレードを続けている。1987年にはロビンス・ワールド・トレーディング・カップで1万ドルの資金を1年で100万ドルに増やし、史上最高のパフォーマンスで優勝した。ちなみに、この記録はいまだに破られていない。また、「ミリオンダラーチャレンジ」という取り組みもよく知られている。これは、父が本や講演で語るだけの人間ではなく、本物のトレーダーだということを証明するため、講演の参

加者の前で100万ドル相当の先物を実際にトレードして見せる企画で、その利益の20％を参加者に還元している。

　誤解のないように言っておくが、父はマーケットでのトレード以外にもさまざまな活動を行っている。父は政治からボクシングのプロモーター、インディー・ジョーンズさながらの宝探しの旅など、さまざまなプロジェクトや試みに長年かかわっており、父の職業を簡単に紹介することはできない。彼は唯一無二の存在で、驚くべき人物なのである。ただ、父が最後に必ず戻ってくるところで、けっしてやめられないのが先物トレードである。トレードは父が最も楽しんで行っていることで、最もうまくできることでもある。

　もちろん父も、ほかのすべてのトレーダーと同様に、負けトレードや断腸の思い、大きなドローダウン、バカな間違いなどを経験している。もし父の本を1冊でも読めば、父が自分の間違いを隠したりしないことは分かるだろう。しかし、60年間という長きにわたってフルタイムのトレーダーとして安定的に利益を上げてきた本物の投機家はそう多くはない。父の息子として育ち、父が劇的な人生の浮き沈みを潜り抜けるのを見てきた私は、父の行動やアイデアや感情のなかに動機や意味を見いだそうとして困惑してきた。しかし、精神科医として学び、訓練を受けると、父が独自の動きを見せるときの「スイッチ」が分かってきた。そして、私が精神科医として父をよりよく理解すれば父の手助けができると思うようになった。

　ただ、それでも父の性格がきちんと解明されたのは、NEO-ACの完全版を受けたあとだった。NEO-ACは、なぜ父がマーケットでトレードするのか、なぜ勝つことができるのか、何を避けるべきなのか、トレーダーとしてまだ改善できるところはどこか、などを知る助けになったのである。父の性格検査の結果は、私にとっても啓蒙的だったが、何よりも父が父自身について大いに学んだ。父は、性格検査が示した洞察に驚き、この結果を公開して読者が性格について深く理解すれば

得ることがあるのではないかと考えた。

ただ、本章の目的が父と同じようにトレードできるようになることではないということを最初に言っておきたい。父とまったく同じ性格になれということでもない。父は父であり、あなたはあなたに与えられた性格と付き合っていかなければならない。ここでの目的は、専門的な性格検査をどのように解釈してトレードに応用していくかを理解する手助けをすることにある。父が初めてNEO-ACを受けたのは2010年だった。もし父が初めてマーケットに興味を持った1960年代にこのような洞察を得ていれば、今以上の成功を収めていたのではないだろうか。父のコメントと洞察も合わせて載せておくので、さらに理解を深めてほしい。

神経症傾向（N）

父の全体的な神経症傾向は少し低めだった（N＝54）。通常、これはストレスが多い状況でも強い否定的感情を持たないということを意味している。次に、Nをファセット別に見ていくと面白いことが分かった。父は、不安（N1＝6）と敵意（N2＝7）と抑うつ（N3＝4）が低く、傷つきやすさ（N6＝3）はかなり低かったのだ。これらは人間の重要な感情で、高いとトレードの認知過程（高次皮質機能）の妨げになることが多い。参考までに書いておくと、私たちが調べたトップトレーダーのほとんどは、全体的にN1とN6が低いか、かなり低いのどちらかだった。

トレードがうまくいかなくなると、否定的な感情――不安、落ち込み、怒り――が雪だるま式に膨れ上がり、認知機能が十分に働かなくなる。父の場合、この心配はあまりない。ストレスがかかったときもこれらの感情を抑制する生来の能力が備わっているのだ。

Nのファセットのなかで最も低いのが、傷つきやすさ（N6＝3）

だった。3というのはかなり低い。そして、極端な値こそが最も多くを語る。父のように傷つきやすさがかなり低い人は、困難な状況においても自分で対処できると考える。自分ならば傷つかない気がするのだ。ただ、このことと誠実性（Ｃ）の尺度のひとつである自信の程度を混同してはならない。Ｎ６がかなり低いということは父が難問や緊急事態に陥っても気弱にならないということを意味している。実際、父ならば、ストレスなどに負けないどころかむしろ張り切るかもしれない。しかし、何事もすぎるのは良くない。気をつけないとこの特性が不利に働くこともある。Ｎ６がかなり低い人には、自分の限界を正しく認識できていないというリスクがある。また、感情面では失敗のサインや負けトレードになかなか気づかないこともあるかもしれない。

【ラリーのコメント】　これまで、困難な状況でも対処できると思ったら、それを見送ることはなかったし、そのことに否定的な面があるとは考えていなかった。私はかつてアメリカ南西部に拠点を置く宝探しの遠征隊とともにトルコ、イラン、サウジアラビアを探検したことがあるが（ハワード・ブルム著『モーゼの秘宝を追え』参照）、これこそ私が危険を知覚せず、気弱にもならない良い例だろう。また、故郷のモンタナ州で上院議員選挙に２回出馬したのも、素晴らしい経験ではあったが、落選してしまった。私もドン・キホーテのように「傷つきやすさ」がかなり低いせいで、それが目の前の事実に応用すべき何がしかの知性を上回ってしまったのだということが、今ならば分かる。

　私の問題は、周りの人たちが首を横に振るような行動をとってしまうことにある。しかし、国税庁との攻防では私自身が自分のしたことに首を振ってしまった。ただ、良い面もある。私のようにさしたる経歴もない人間が、トレーダーになったり本を書いたりできるとはだれも思わなかったはずだ。つまり、傷つかない心

が私の感情を支配していることにはメリットもある。検査を受けたことで、この能力をもっと肯定的に使う方法が分かった(気がする)。

父にとって幸いだったのは、トレードに「損切り」という概念があることだ。父は、この単純な機能をすべてのトレードに使うことを学んだ。これは非常に手軽な安全ブレーキで、トレードが逆行し始めたときに、父がその性格(特にNが低いこと)のせいで——例えば、弱気にならないため——手遅れになるまで気づかなくても、自動的に手仕舞いの注文を出してくれる。実際、父の本を読むと、父のトレードスタイルのなかで損切りを使って損失を限定することは、マネーマネジメントのテクニックのなかで、売買パターンと同じか、それ以上重要な部分を占めていることが分かる。

【ラリーのコメント】 トレーダーとしての知識がなかった初期のころ、損切りやそのほかのリスク管理を行わなかったことが巨大な利益——と巨大な損失——をもたらした。私が1日を利益で終えることができるようになったのは私の知性のおかげではなく、生き残りたいという思いと、マーケットが大きくスイングしたときに起こる激しい感情をやりすごすことを学んだからだ。私はやけどをすることで学んできた。勝つための作戦も研究したが、負けの分析により熱心に取り組んだ。

実際、父は神経症傾向のなかのあるファセットが高かった。それが衝動性($N5 = 19$)である。衝動性が高い人は、何かをしたいという衝動を制御するのが難しい。彼らは、考える前に行動してしまう。衝動性が高くて傷つきやすさが低いという組み合わせは、大きな問題も秘めている。父のN5は極端な値ではないが、ときに窮地に陥る可能

性は十分ある。このタイプのトレーダーは、状況を十分調べないで仕掛けたり手仕舞ったりするため、トレードし過ぎになる可能性がある。衝動的なトレーダーは、衝動を抑えるよう特に努力してほしい。

【ラリーのコメント】　若いころはこの傾向が今以上に強かった。マーケットで打ちのめされることが、性格に適応するための最高の方法のひとつかもしれない。息子がジョンズ・ホプキンスという象牙の塔で学んだどの方法よりも勝っていると思う。成功したトレーダーはみんなそうだが、私もトレーダーとして勝つためには法則があることと、けっしてうまくいかない戦略もあるということを少しずつ学んでいった。マーケットは間違いなく私の性格を変えたと感じている。あとは、初期の失敗で破綻する人もいるなかで、始めてすぐに利益を上げることができたことは幸運だった。トレードをしていると、今でもマーケットに飛び込みたい衝動に駆られることがある。おそらく私の衝動はみんなよりも強いため、それを制御することについてもみんな以上に学ばなければならない。

繰り返しになるが、高次皮質機能（知性）を感情よりも優先させることは可能である。ただ、それには訓練と経験と何よりも優れた洞察が必要となる。衝動的な人はまず自分が性急に判断を下してしまう傾向があるということ──理由もないのに無謀なトレードを仕掛けるなど──を自覚しなければならない。次に、衝動的なトレードを仕掛けてしまう原因を探す必要がある。このような行動のもとに繰り返しなっているきっかけやシナリオを見つけてほしい。そして最後は、次にこのような状況になったときに警報を鳴らしてくれる何らかの監視システムを導入しなければならない。このような過程をへなければ、かなり衝動的なトレーダーが成熟し、自分の生来の特性を理解し、そ

れをメリットとして生かすことはできない。衝動も、適切な水準で正しく賢く応用すれば、トレードに極めて有利に働く。ここぞというときに、この性格を生かしてほしい。

【ラリーのコメント】　私も自分用の「警報」をいくつか用意している。それに、私のこの性格が私を運転席から押し出そうとしたときに唱えるキーフレーズも練習してある。私は常に損切りを置いているが、過去にはマーケットがそこに近づくと、それを動かしてしまう（後退させる）こともあった。もちろん、それでうまくいくことも100回中2回くらいはある。今は、自分がそうしようとしていることが「見えた」ときは、自分との約束を繰り返す。「ラリー、二度とカモになるな」

外向性（E）

父の外向性は全体的にかなり高かった（E＝147）。なかでも、温かさ（E1）と良い感情（E6）は最高点をつけていた。どのファセットでも最高をつける人はまれであり、そうなったときは特に注目する必要がある。つまり、父の性格もここに何かありそうだ。最高をつけた2つのうち、マーケットでトレードすることについてはE6の影響が大きいと思われる。

肯定的な感情がこれほど高いと、父は過度に幸せで、陽気で、楽観的になる傾向がある。そう聞くと、「そもそも人生が幸せすぎて楽しすぎることなどあるのだろうか」と思うかもしれない。いずれにしても、良い感情が32という高い値なのは良いことなのではないのだろうか。みんなそうありたいのではないだろうか。

ただ、思い出してほしい。E6が32をつけるような人は世界をバラ色のレンズで見ていることが多い。つまり、状況の否定的な面を見過

ごしたり選別したりするリスクを抱えている。Ｅ６が極めて高く、Ｎが低く、なかでも傷つきやすさが低いことを合わせると、父は悪いことや危険なこと、有害なことを無視するタイプということになる。たとえ父が危険に気づいたとしても、否定的なことに対する鈍感さゆえにそれが及ぼす否定的な影響を過小評価してしまう可能性がある。

【ラリーのコメント】　愛する息子が私の過ちの中枢を見て、それについて書いたものを読むのは辛い。しかし、これが当たっている。私は自分の外向性に若いころよりもうまく対処できるようになったと思う。また、若いころにこの特性について認識していれば、「著名な」商品トレーダーにはならなかったとも思う。ときには、もっと利益が得られるファンドマネジャーになればよかったと思うこともある。しかし、それは自分の性格の欠点を直さないかぎり、難しかったことも分かっている。私は一時期ファンドマネジャーをしていたことがあるが、すぐに自分には合わないと分かった。なぜそう思ったのかは分からない。そして、それを変えるためにできることも分からなかったが、性格検査の結果を見てやっと理解した。簡単に言えば、私は自分の弱点がはっきり見えていなかったため、正しく反応することがほとんど不可能だったのだ。結局、私は正しい判断よりも肯定的な期待を優先させていた。もちろん、トレーダーは前向きでいなければならないが、それは今仕掛けているトレードについてではなく、いずれ安定的に勝てるトレーダーになれるということについてだ。

ここでも、Ｎ６（傷つきやすさ）がかなり低くてＥ６がかなり高いという組み合わせは、父がトレードで損切りを置くことの重要性を示している。これがどれほど大事なことかは、だれよりも父自身が知っている。損切りは途方もなく重要なツールで、これが父がストレスに

も負けないとき（N6がかなり低い）や自分のトレードはすべてうまくいくと思っているとき（E6がかなり高い）に受ける打撃を限定してくれる。損切りは、父がトレード中の気質の影響を抑えるために修得した防衛戦略なのである。何十年もかけて損切りの絶妙な置き方を学んできた父だが、おそらく自分がN6がかなり低くてE6がかなり高いタイプだということには気づいていないだろう。父は、NEO-AC検査を受けて初めて損切りが父の気質とトレードスタイルにとってどれほど重要かが具体的に分かったのである。

【ラリーのコメント】 言いたいことはよく分かる。自分の肯定的な姿勢がマーケットで利益を約束するものではないことはしっかり学んだ。そのためにも注意深く防御策（損切り）を講じておかなければならない。

開放性（O）

　父がどれほど開放的な人かは説明するまでもない。私たち家族はみんなそれを知っており、それと付き合っていく方法を会得している。もちろん父を愛しているが、父には非現実的でとっぴで、時には正気とは思えないようなアイデアでも積極的に受け入れる傾向がある。実のところ、私たちはNEO-ACがなくても父の開放性が抜群に高いことは分かっていた。ただ、念のため書いておくと、父の開放性の合計は163という突拍子もない値だった。専門家の立場から言えば、これほど高いOの点数はこれまで見たことがない。ただ、Oの個別のファセットではひとつも最高点を付けていない（Eでは2つが最高だった）。ちなみに、五大因子（N、E、O、A、C）のどれかが極端な値を付けることのほうが、個別のファセットで極端な値を付けるよりも大きな意味がある。

【ラリーのコメント】　私も同感だ。検査の結果を見るまで自分がこれほど極端に開放的な性格だとは思わなかったが、これまでの人生であったさまざまなことの説明がついた。ただ、これはもろ刃の剣だと思う。開放的だったことでやけどもしたが、みんなが避けて通る扉を開けてさまざまな経験をすることもできた。例えば、この開放性のおかげで、最も学術的なものから最も型破りなものまで多岐にわたるマーケット理論を学んだ。また、マーケットを理解する助けになるものはすべて、どんなことでも探究してきた。笑うかもしれないが、私は月の満ち欠けまで研究したことがある。しかもそこには本当に使える情報が少しはあったのだ。

　父は空想（Ｏ１）と審美性（Ｏ２）、感情（Ｏ３）、アイデア（Ｏ５）がかなり高かっただけでなく、リスク回避に最も関係がある行為（Ｏ４＝20）も比較的高かった。これは極端に高いわけではないが、高いことは間違いないし、私がこれまで調べてきたたくさんの株式トレーダーや商品トレーダーよりも高かった。ここで、Ｏ４が高いということが「貪欲な」欲望（お金を稼いでそのお金がもたらす恩恵を享受したい）を満たすためにリスクをとるタイプだということを思い出してほしい。

　しかし、父のそのほかのリスクに関するファセット――スリルや興奮を求めてリスクをとる傾向――はどうなのだろうか。実は、それらのファセットも高かった（Ｎ５＝19、Ｅ５＝21）。NEO-ACのなかのリスクに関するファセット（特にＥ５とＯ４）を合わせて見ると、父があらゆる点で莫大なリスクをとるタイプだということがはっきりと分かる。案の定、彼は「大きな波」（先述のサーフィンの例で言えば）でトレードするのが大好きだ。

【ラリーのコメント】　人生は一度しかない。私はこの人生でできるかぎりのことを経験したい。そして最後には、何らかの形でそれがうまく生かされるだろう。これまでずっとその信念でやってきた。

　実際、父と深く話してみると、父は巨大なスイングに乗ることがマーケットでそれなりの利益を上げる唯一の方法だと確信していることが分かった。父は、中くらいの波を複数とらえても長期的な利益にはならないと信じている。その理由は、いずれどこかで大きい損失を被ることがあり、それを埋め合わせるにはいくつかの本当に巨大な利益を上げることしかないからだという。つまり、父は常にマーケットの大きな波を探している。

　しかし、父は本当に正しいのだろうか。大きな波をとらえてそのうねりに乗り続けることがマーケットで利益を上げる唯一の方法なのだろうか。これはイエスであり、ノーでもある。父にとってはこれが正しい方法で、うまくいっているのだから変えるべきではない。もし小さな動きでトレードしようとしても集中できず、退屈した揚げ句、失敗に終わるだろう。しかし、私が話を聞いたトレーダーのなかには、大成功を収めていても大きな上昇や下落の波には怖くて乗っていられないという人もいた。彼らはもっと控えめな波に照準を合わせ、恐ろしいボラティリティに見舞われる前に手早く利益を上げていくことで満足しているしそのほうが安心してトレードできる。もちろん、この保守的な考え方で低リスクのトレードを続けていれば、大きな打撃や大きなドローダウンに見舞われることはないため、それを埋め合わせるための巨大トレードも必要ない。

【ラリーのコメント】　それでも私は小さい利益では長期間生き残ってはいかれないと思っている。これは性格とは関係なく、投資

を数学的に考えればそうなる。これについては以前にも書いている。

もちろん、すべてが相対的であることは覚えておいてほしい。父にとって「小さい利益のトレード」も、もっとリスク嫌いの人にとっては「中くらいの利益」かもしれないし、その反対も言える。先物トレーダーでリスクをとる特性が低い人はあまりいない。しかし、本書のために協力してくれたトップトレーダーの多くと比べても、父は例外的だった。彼らのほとんどはリスクをとる傾向が平均かそれよりも少し高い程度だったのである。

父の開放性が驚くべき高さだったことに関して、もうひとつ言っておきたい。**付録B**には性格スタイルとその判定方法が書いてある。やり方は、まず五大因子（N、E、O、A、C）のなかで最も極端な点数を付けた特性を2つ選ぶ。父の場合は、EとOが極端に高かった。そこで**付録B**の「関心スタイル」のO＋、E＋（279ページの右上の象限）の説明を読むと、父が本質的にどのような人間なのかが正確に分かる。

調和性（A）

調和性の点数は、ほかの特性と比べてトレーダーにとっての重要性は低いが、完全をきすために父の結果を紹介しておく。Aの値とほかの特性を合わせて見ると、父がどういう人間かということがよく分かる。

まず、父は信頼のファセットがかなり高い領域にあった（A1＝29）。これほど他人を信用し、驚くほど開放的（特にO5のアイデア）な父は、他人に悪用されたり繰られたりするタイプということになる。マーケット自体には意思がないため、このうぶでだまされやすい父に乗じるようなことはない。しかし、父は抜け目がなく悪賢い人たちに

第22章 ケーススタディ――ラリー・ウィリアムズ

も心を許してしまう傾向があるため、利用されるかもしれない。父が搾取的ないかがわしい税理士の助言に従ってIRS（米内国歳入庁）ともめた件について聞いたことがあるかもしれない。この件については、『コンフェッション・オブ・ア・ラディカル・タックス・プロテスター（Confessions of a Radical Tax Protestor）』に詳しく書いてある。この件はIRSとの係争に発展し（ちなみに父の勝訴）、父が最も情熱を注ぐ２つのこと――トレードすることと家族と過ごすこと――に向けるべき関心を大いにそらすことになった。そのうえ弁護士にも大金を支払った。つまり、父の開放性と信用しやすい性格はトレード人生に直接大きな影響を及ばさなかったかもしれないが、間接的には影響していた。

【ラリーのコメント】　これらの件には数百万ドルがかかったが、それでも自分の信じやすい性格が大きな弱点だとは今まで思っていなかった。これは、知っておかなければならない。以前に、長年家族のように信頼してきた秘書に100万ドル以上を横領された。親しかった弁護士の友人には「税拒否」運動に引き込まれたが、彼はこの運動を理解していなかった。ビッグエイトのひとつである会計事務所に勤めていた公認会計士の助言に従って事件に巻き込まれたこともある。私は知り合いを信用しすぎたため、数百万ドルを捨てるひどい投資をしてしまった。ときには、大きな取引を署名ではなく紳士の握手だけで合意してしまうこともあった。しかし、今では信用していても確認することにしている。最近も、私が非常に尊敬している人が魅力的なビジネスチャンスを提案してきた。私は資金をつぎ込む準備までしたが、そこで一歩下がってみると、過去の災難と同じパターンであることに気がついた。もし自分の性格について知らなければ、かなりの金額を失うところだった。自分の性格を知ることにはメリットがあるよう

だ。

　父は、実直さのファセットがかなり低かった（Ａ２＝13）。この点数は、父が非常に賢くて、回りくどい思考やあいまいな思考でも問題を解決できることを示している。つまり、父の頭は直線的ではない思考パターンにも対処できる。これは面白い組み合わせで、父は頭の回転は速いのに、狡猾な人にだまされやすいということが分かる。

　ちなみに、Ａ２がかなり低い人は「病的」になる傾向があるが、こうなるのはあといくつかのファセットも低い場合にかぎる。例えば、もし父がＡ３（利他性）とＡ４（応諾）も低いうえに誠実性のファセットのいくつかもかなり低ければ、父と仕事の取引をすることは勧められない。しかし、実際には父は利他性も応諾も高かった。そうなると、これは否定的な特性ではなく、父の賢さは適応力がある健全な特性で、複雑な問題解決に応用できる。私は、この特性こそ父が長年にわたっていくつもの革新的で創造的な手法やシステムや指標を開発してきた理由ではないかと思っている。

誠実性（Ｃ）

　父の誠実性の点数は、全体としては平均的なレンジに入っていた（Ｃ＝126）。ただ、面白いことに２つのファセット、Ｃ２（秩序）とＣ６（慎重さ）がかなり低かった。

　ここで、多くの人が知り得ないラリー・ウィリアムズの個人的な秘密を暴露しよう。世界中で使われているテクニカル指標（％Ｒ）や強力なトレードシステムの偉大な開発者であるラリー・ウィリアムズは、実はシステムトレーダーではない。

　もちろん父も指標やシステムを使っているが、みんなが考えている様子とはほど遠い。父がトレードするのを見ていると、２つのことに

驚く——①トレードデスクがあまりに雑然としていること(父には悪いが、純粋に研究のための暴露だから許してほしい)、②直感でトレードすることが多いこと。

　もちろん直感でトレードするというのは少し大げさで、父の反論を期待してこう書いた。父のトレードスタイルに理論やリズムや理由がないわけではない。むしろ大いにある。父は知識に基づき、十分に調べ、十分に計算し、複数のシステムや指標を使ってトレードしている。ただ、それでも全体的に見れば本当にシステムを使ってトレードしているとは言い難い。特定の商品をいつ売買しろと指示するための公式があるわけではない。現在のマーケット状況を評価するためのパソコンのしゃれたソフトウェアはあるが、仕掛けるかどうかやいつ仕掛けるかの最終判断はほとんど自分で下している。実際、パソコンの助けは借りているが、注文を出すのはシステムではなく父なのである。父はチャートや画面で視覚的に得た情報に基づいて注文を出している。寄せ集めたデータや指標を動かしたり入れ替えたりしながら、いつ仕掛けたり手仕舞ったりするかを決めているのである。

　父が、自分が作ったシステムやパターンに厳密に従おうとすると、利益が上がらないと言うのを何回も聞いたことがある。もちろん、同じシステムを父の弟子(おそらくＣが高い人たち)が使えば、大きな利益を上げることができるのだ。

【ラリーのコメント】　もちろん直感でトレードしているわけではない。ただ、厳格なシステムトレーダーでないのも本当だ。トレードは特定の道具を使って行う技術だと思う。私は、トレードをセットアップするためのツールや、仕掛けや手仕舞いのポイントとタイミングを教えてくれるツールなどを使っている。トレードはその裏づけとなるアイデアをきちんと調べておかなければ大きく勝つことはできない。直感というのは内面の感覚で、頭の中の

もやもやからささやきかける声、あるいはこのトレードを急いで仕掛けなければならないという感触だと思う。しかし、私自身はそのような感覚を持ったことはない。私が仕掛けるトレードにはすべて理由があり、私の仕事ぶりを理解している人ならばそれは分かるだろう。

父はパターン分析がうまい。特に、マーケットでテクニカルパターンを見つけ、もしそこに意味があればそれを読み取ることを最も得意としている。Cのファセットが平均から低いレンジにあり、芸術的な創造性がかなり高く（Ｏ１とＯ２が極めて高い）、賢い（Ａ２がかなり低い）という組み合わせの父にとって、このトレードスタイルは理想的と言える。反対に、Ｃ２が低い父がシステムトレードをすれば、マーケットで何らかの動きに気づいたとしても規則に縛られて動けないため、かなり苦しい思いをするだろう。

また、父は非常に視覚的な人で、すぐ対称か非対称かに目が行き、みんなよりもパターンを見つけるのがうまい。これは父の強みになっている。父はチャートを見るとき、まず画面に近づいて見たあと、椅子を1.5メートルくらい下げて離れたところからまったく違う視点で同じチャートを見る。しかし、トレードを仕掛けるときは、あまりシステムには従わない。「優れたシステムトレーダーのラリー・ウィリアムズ」というのはほとんど神話に近い。実際のラリー・ウィリアムズは、優れたパターントレーダーなのである。

【ラリーのコメント】　前にも言ったとおり、トレードは一種の技術だ。しかし息子よ、これまでなかなか有効な点を提起してくれた。この皮肉な事実は、面白いが混乱もする。私は、究極のオシレーターや先物を評価する基準、VIX指数の開発や、COTレポート（米商品先物取引委員会が発行している大口投機家の建玉明

細）に関する研究など、自分がマーケットで何かしら創造性の高い仕事をしていると思いたい。また、トム・デマークと共同開発したシーケンシャルはこれまで見たこともないような面白いテクニックだと思っている。そのほかにも、一部の教え子だけが使う名前もついていないたくさんの強力なトレードシステムを開発してきた。ただ、おかしなことに、私自身はなぜかそれに従うことができない。私には、システムに従って日々の細かい作業をこなしていく才能がない。それをするくらいならばもっと調べるか、自分の「芸術的なトレード」戦略でトレードするほうがよい。私にとって、規則正しくトレードしたりシステムにすべて従ったりすることは、勝てない戦いに挑むようなことなのである。なぜだろうか。そうすることは自分との闘いであり、自分の性格との戦いだからだ。私にとってそれは自然にできることではないし、おそらく永遠にできないだろう。つまり、私はたとえ自分が作ったシステムでも、直接、意識的にシステムには従わないという選択ができるし、それで良いと思えるようになった。無理にシステムに従うこともできるが、そのためには普通ならば避けてしまうことにも思慮深く向き合って、私「自身」をそれに合わせていかなければならない。

　本書のための調査の一環としてリンダ・ラシュキの話を聞いたとき、父について面白い話を聞いた。「あるときあなたのお父さんが、自分は世界最高のシステムトレーダーだと言っていました。私は裁量トレーダーなので、どうすればそうなれるのかと聞きました。そうしたら、システムプログラムのコピーをトレード仲間のパソコンにインストールすればいい、と言うのです。仲間がお父さんのためにトレードして、お父さんはモンタナ州の渓流で釣りでもしているって言っていました。自分のお金がシステムに握られているのを見るのは我慢できないから

と言ってました」

　父が何年も何十年もかけて自分のトレードスタイルや手法に父独自の性格特性を適合させてきたことは間違いない。そして試行錯誤とおそらくある程度の痛みを伴う経験をへて、自分に最も合う方法を探し当てたのだと思う。父にとってはそれが独自のパターンやトレンドを探したり、大きな動きを待ったり、高リスクのトレードを仕掛けたり、注意深く損切りを置いて損失を管理したりすることだったのだと思う。

メンタルエッジに関するヒント

【ラリーのコメント】　性格検査の最大の価値は、個人の性格に最も合うトレードスタイルを作り上げる手助けになることと、リスクの対処の仕方について深い理解をもたらしてくれることにあると思う。そして最後に、自分の性格特性を全体として評価し、負けが続いたときや勝ちが続いたとき（マーケットでもそれ以外の人生においても）に必要に応じてそれを調節できることだと思う。

第23章

性格に関するケーススタディー
──ダン・ザンガー

Personality Case Study : Dan Zanger

　ダン・ザンガーの株式市場における最大の宣伝文句は（もちろんこれだけではないが）、2年弱で1万1000ドル弱の資金を1800万ドルに増やしたことである。16万4000％という気が遠くなるような利益を上げたのだ。マーケットトレードというよりもまるで宝くじの話のようではないだろうか。この功績は、12～18カ月における個人ポートフォリオの運用利率の世界記録として広く知られている。

　この圧倒的なパフォーマンスにより、ザンガーはフォーチュン誌、フォーブス誌、ストック・アンド・コモディティーズ誌などの表紙を飾った。トレーダーの世界では、根拠がない派手で大げさな作り話が横行しているが、彼はフォーチュン誌に1999年の納税申告書とトレード記録を掲載することで、この話が本当だったことを証明した。

　ザンガーはロサンゼルス郊外のサンフェルナンドバレーで育った。父親は医師で母親は心理学者である。彼は大学を中退してロッキー山脈に移ると、何年間かスキーに挑戦し、そのあとはベルボーイやタクシー運転手、コックの見習いなどの仕事を転々とした。しかし、何をしても十分な満足は得られなかった。

　結局、ロサンゼルスに舞い戻ったが、ザンガーには学歴も職歴と言える経験もなかった。次に、彼は造園会社で働き始め、自らも建設業の許可を取得した。そして、ビバリーヒルズでプール建設の仕事をし

ながら質素に暮らしていた。しかし、彼はもっと挑戦したかったし、もっと自由が欲しかった。

ザンガーの母親のイレインは株が好きで、彼は子供のころはよく母親と一緒にテレビのビジネスチャンネルを見てウォール街の仕組みに魅了されていた。1978年のある日、彼はテレビ画面の下に流れる株価情報で株価が急騰したことを知った。そこで生まれて初めて1ドルで株を買い、2～3週間後に3ドル強で売り抜けた。このときの利益はわずかだったが、彼は短期間で高い利益率を得られることに魅力を感じた。そこで、仕事のかたわら株の勉強を始め、それが軌道に乗ってくるとプール建設をやめて、フルタイムのトレーダーになった。彼は、パソコンとトレードソフト──1970年代末から1980年代初めに登場した──があれば、一晩で数百枚のチャートを素早くチェックして翌日のトレードに備えることができることに気がついた。そして、それから数十年、ザンガーは連勝を続けている。

ザンガーのトレードは、あの驚くべき18カ月の前後もうまくいっていた。ただ、それまではまだ業界の「有名人」ではなかった。今日、彼が発行している「ザンガー・レポート」(彼のチャートの見方をもとにトレードヒントを提供するニュースレター)は、世界中に読者がいる。彼は、だれが何と言おうとチャートだけに基づいてトレード判断を下している。

ザンガーは、ITバブルのピーク時のように天文学的な利益を上げることは二度とないことを認めている。しかし、その後も莫大な利益を上げ続けて信頼を得ている。今でもトレードが主な収入源だが、彼は自分の個人資産のみを運用している。彼は1週間に70時間以上をトレードやトレードの調べものに費やし、10～20の株のポジションを建てている。期間は中くらい(5～30日)だ。銘柄の選択には主にチャートと指標を使っているが、仕掛けや手仕舞いのポイントはシステムではなく裁量で決めている。面白いことに、私たちが調べたトップト

レーダーのなかでトレードで成功するためには感情を管理することが「かなり重要」だと答えた唯一のトレーダーがザンガーだった(それ以外の人は全員、「かなり重要」より上位の「極めて重要」と答えた)。

ザンガーのNEO-ACの結果で最も目を引いたのは、不安（Ｎ１）のファセットが高いことだった。一流トレーダーはほぼ全員が不安の点数がかなり低く、あとは平均が何人かいただけだった。Ｎ１が高かったのは彼とあとひとりだけで、これは注目に値する。彼がこのまれな特性を持っていても成功できるならば、彼と同じように不安の点数が高い人でも成功できるかもしれないからだ。実際、私は不安が常に低くて成功しているトレーダーの話よりも、ザンガーと話して不安を管理する秘訣を知りたかった。それに、今回の調査の外れ値を記録した変わり者である彼自身の意見も聞きたかった。彼は次のように語っていた。

【ザンガーのコメント】　私は心配性だ。それは間違いない。昔からそうだった。マーケットでボラティリティが高いときに不安をやりすごしたいときは、全体の動きに目を向ける。過去20～30年の暴落を基準にしてマーケットを見るようにするのだ。そうすることはマーケットを正しく理解する助けにもなっている。それに、含み益が出ているポートフォリオを小さな調整があっても保有し続けることができる。大局的に見ることもできる。不安になるとすぐに手仕舞って、また仕掛けたい衝動に駆られるが、正しい情報に基づいた正しいトレードならば、本当はもっと資金をつぎ込んで今のポジションを保有し続けなければならない。

　ただ、資金を失うかもしれないという不安のおかげで、これまで何回も救われてきた。それによってマーケットのたくさんのブレイクを避けることができたからだ。つまり、私にとって不安は良いことだと思っている。マーケットには一瞬で私を破綻させる

力があることはよく分かっている。それに、自分が不安に駆られてポジションを急いで縮小してしまうことがあるのも自覚している。しかし、自分の信念と自分のマーケットの見方を貫いたほうが、最終的には勝ちトレードが多くなる。結局、しっかりした理論に基づいた正しいトレードの利益のほうが不安に駆られて被った損失を上回っている。

　私は動きが遅い銘柄には我慢ができない。スイングトレーダーであって投資家ではないからだ。そして、自分がすべきことも分かっている。ここぞと思うスポットを見つけ、正しいセットアップを探す。こうすれば、心配性の私でもいやでも辛抱できる。じっと座って株価を観察しながら、保有し続けるか手仕舞うかを考えるのは、非常に認知的な過程だと思う。ただ、不安があるおかげで、トレード画面の向こう側のウォール街の駆け引きを探るためのスキルを本気で研ぎ澄ますことができている。

　私のトレードを追いかけている人のなかには、私が霊能者だと思っている人がいる。私が何かしら神秘の力でマーケットの動きを見通して先回りしていると思っているのだ。私は、不安の一部がそうさせているのだと思う。君の本にふさわしい言葉かどうかは分からないが、ほとんど被害妄想に近い。もちろん、本当に被害妄想に陥っているわけではないが、私は不安になる特性によって真剣にマーケットを読み、マーケットに同調しようとする。うまく説明できないが、不安のおかげでマーケットとうまく波長を合わせられている。つまり、不安をうまく活用できるようになった。

　次に目立ったのは、誠実性のなかの秩序（Ｃ２）のファセットの低さだった。ちなみに、トップトレーダー全体で見ると、Ｃ２が低い人は裁量でトレードしている人が多く、Ｃ２が高い人はみんなシステムトレードでマーケットを支配していた。そして、もちろんザンガーは

自身を裁量トレーダーだと考えていた。

【ザンガーのコメント】　私はいつも「買ってくれ」と叫んでいる銘柄を探している。人気の銘柄ならばファンダメンタルズ、つまり収益を見る。債務の大きさも、売られ過ぎも気にしない。ただ、個人投資家なので普通は象の背中にとまったハエでいたい。像の大群が移動するときに、それと一緒に正しい方向に向かっていきたいのだ。そのため、どの象にいつ乗るかはよく吟味している。私は、メカニカルなパターンでは大してうまくいかないと考えている。いつもマーケットの爆発的なスイングを探しているが、私が知るかぎりそれをできるのは裁量トレードだけだ。私はいつも期が熟して大群が動き出すときを探している。システムでそれを予想することはできない。

ザンガーは、刺激希求性（E5）が若干高かったことについても話してくれた。

【ザンガーのコメント】　私は生来スリルを求めるタイプだ。ただ、マーケットがみんなにお金を与えるところではなく取り上げようとしているところだということも分かっている。その意味ではカジノと同じと言ってよい。カジノは客のお金を巻き上げるために存在しており、マーケットも同じだ。それが冷たい現実だ。そのことを思い出すようにすることで自分にブレーキをかけることができ、スリルを求めてトレードしているのではないということを確認できる。そうすると、いやでも注意深く買いのタイミングを選ぶようになる。そして、計画的に規律を持ってトレードせざるを得なくなる。そうしないと、マーケットの流行に簡単に流されてしまうからだ。私は自分自身を「氷のように冷静なトレーダー」

だと思っているし、物事を白黒はっきりさせて論理的に行動するようにしている。つまり、スリルの感情を排除しようとしている。ただ、自分のなかにスリルを求める気持ちがあることも分かっている。昔からずっとスリルを求めていた。子供のころ速い車が好きだったせいで、今でもスピードスキーが好きなのかもしれない。

　プール建設の仕事をしていたころ、初めて魅力的な株を探し当てる方法を学んだ。なかでも価値が上がりそうな銘柄を予想するのはかなりスリルがあった。それに、トレードは私の人生に本当の自由をもたらし、私は勝てる銘柄を選ぶスリルに熱中するようになった。それ以来、本当に自由な人生を送っている。トレードならば個人客の相手をする必要もないし、人件費を心配することもない。顧客に訴えられることもなければ、支払いを求めて顧客を訴えることもない。だれにもじゃまされない自分だけの小さな世界は私にとってはスリルがある。もうだれの部下でもないのだ。

　ただ、自分のスリルを求める気持ちを抑えておかなければならないことも分かっている。あるとき、自分のスリルを求める本質がマーケットで巨大損失をもたらした。ハイテク銘柄の価格が半分になって、私は一文無しになったのだ。ちなみに、当時は証拠金の維持率が50％だった。私は1997年に大打撃を受けたときに、トレードは遊びではないと再認識した。常にそのことを覚えておかないと、スリルを求める気持ちが頭をもたげてくる。そして、そうなれば資金を無くすことは分かっている。私はこの経験から学んだからこそ、今日ではトレードのスリルの部分により注意している。

第24章

性格に関するケーススタディー
——KD・アングル

Personality Case Study : KD Angle

　トレーダーになる前、KD・アングル（ケリー・アングル）は忙しい生活を送っていた。彼はウィチタ州立大学と南カリフォルニア大学を卒業し、政治学と心理学を勉強した。

　アングルは、以前は定職に就いていた。トレードを始める前に働いていた会社は、石油とガスの探索、掘削装置の請け負い、特殊気体の精製、畜牛の飼養、２つの地方銀行、商業不動産の保有、高級ホテルの所有と経営などを手掛ける多角経営企業で、彼は業務部門の管理職だった。とにかく忙しかった。

　このとき、仕事でかかわりがあった商品関係の人たちと親しくなり、アングルは先物トレードと出合った。彼は1985年に先物トレードを始め、まずは「タイミング・デバイス」というニュースレターとホットラインの助言サービスを購読した。ちなみに、この会社はフォーブス誌で1986年にコモディティ先物ニュースレターの第１位に選ばれている。それから間もなく、アングルは先物で資産運用を始めた。

　アングルは、先物トレードに関する著書も数冊ある。そのなかの『ワン・ハンドレッド・ミリオン・ダラー・イン・プロフィット』（One Hundred Million Dollars in Profits : An Anatomy of a Market Killing）で、彼は本業を辞めてトレードに専念するという判断に影響を及ぼしたトレードの経験について書いている。彼のマーケットやト

レード戦略に対する独自の見方は、ストックス・アンド・コモディティーズ誌やフューチャーズ誌など全国的に信頼されている出版物にも掲載されている。また、CNBC（ビジネスチャンネル）でマーケットに対するコメントを求められることもある。

アングルは、まず1986年にCTA（商品投資顧問業者）として登録した。また、米商品先物取引委員会（CFTC）にCTAとして登録しているいくつかの会社のCEO（最高経営責任者）兼創業者も務めていた。

現在、アングルは２つの非常に成功している先物運用プログラムを運営している。最初に作ったのがジェネシス・プログラムで、２つ目がケック・プログラムである。どちらも百パーセント、システムトレードで運用を行っている。

では、彼はどれくらい成功しているのだろうか。2000年に運用を開始したジェネシス・プログラムは、これまでの平均リターン率が複利で16.83％、ケック・プログラムのほうは2003年からの運用で19.95％になっている。両方合わせると、総リターンはそれぞれ546.41％と355.49％になる。ちなみに、同じ期間のS&P500の総リターンは17％だった。彼の公式な結果は、彼が安定的かつ継続的に利益を上げていることを示している。

例によって、アングルの点数は誠実性（Ｃ）が全体的に高く、特に秩序（Ｃ２）のファセットが高かった。これは彼の性格が裁量トレードよりもシステムトレードに適していることを示している。そのため、彼はトレードに毎週10時間弱（毎日ではなく毎週）しか費やしていない。仕掛けるトレードは１週間に５つもなく、これらは30日以上保有する「長期」ポジションだということだった。彼は次のように語っていた。

【アングルのコメント】　私はシステムトレーダーで、同じトレー

ドシステムを使って2000年と2003年から2つのポートフォリオを運用しているが、運用開始以来、大きな変更は加えていない。これらの運用は百パーセント、システム化されているため、もう何年間もすべてを任せてきた。私の専門は、トレーダーの性格を持ち合わせることではなく、しっかりと調べてシステムをデザインすることだ。これが本当のトレード技術だと思う。これが長い間にはプロと素人の違いを生むのだと思う。私はトレードで、アメリカでも最も学歴が高いコンピューター科学や数学の博士号を持った連中とも競っているわけだが、トップクラスのパフォーマンスを安定的に上げるシステムは、優れたデザインと規律ある運用が大事だと思っている。私が成功した理由はここにある。私がこの仕事で最も重視しているのは、優れた知性を持つことではなく、できるかぎり最高の調査をして最高のデザインを生み出すことなのである。

ただ、何年間もトレードを続けてきたことが、私の性格に影響を及ぼしたとも思う。例えば、トレードを仕掛けるときにトレード結果に特に期待していない私は、人生で行うことに対してもあまり期待しない。しかし、元からそうだったわけではない。人生の半分は期待だという人もいるが、私はほとんどのことに対して「成り行きを見守る」という緩い気持ちで臨んでいる。こうなったのは、トレードをしてきたからだと思う。私は生まれながらのトレーダーなどいないと思っている。ほとんどのスキルがそうであるように、トレードも成功するのに必要なことを学ぶ動機を十分持っている人ならば、時間をかけて学ぶことができると考えている。

トレードする人のほとんどが、実はお金のためにトレードしているわけではない。自分ではお金のためだと思っていても、本当の目的はほかにある。素人トレーダーの多くは、トレードを仕事

の気晴らしに使っている。現状を打破してもっと良い人生に変えたいと期待しながらトレードしているのだ。

　聞いただろうか。彼は「トレードを仕掛けるときにトレード結果に特に期待していない」と言った。実は、トップトレーダーたちの話を聞くなかで、この言葉を何回も聞いた。彼らは、「お金のためではない」ということも繰り返し言っていた。もちろんトレーダーはお金を稼ぎたい。本当のお金を賭けているのだから、それを無駄にしたい人などいるわけがない。しかし、トップトレーダーの頭の中は、マーケットが動くたびに大金を儲けることで占められたりして機能しなくなったりはしない。彼らは慎重に「成り行きを見守る」という方法を身につけたことで、トレードの本当の技やスキルに集中することができている。アングルの場合は、マーケットで結果を出すトレードシステムをデザインするために必要なことを理解することがそれに当たる。欲はみんなが間違いなく持っているものだが、優れたトレーダーの行動はそれに支配されていないのである。

　欲は、ある意味不安や恐れと反対の感情とも言える。欲は私たちの行動を促す感情だが、恐れは行動を遅くしたりやめさせたりするからだ。ただ、ある程度の欲は必要だ。欲は、何かに一生懸命励んだり、それを上達させようとしたりする動機になる。実際、社会には物質的な豊かさが幸せや、満足や、成功を測る基準になるという概念が蔓延している。そして、私たちは生まれてすぐにお金の価値と影響を教えられる。

　しかし、欲が深すぎると、普通ではしないようなことをし始める（ここではＯ４のファセットを見ていく）。あと少し、と切望するようになるのだ。トレードの場合、欲はランダムに仕掛けたり、よく考えずに仕掛けたりすることにつながる。欲があるとトレード判断の指示や冷静に考えた場合よりも、長くポジションを保有してしまうこともあ

る。欲という感情があるから、あと少し利益を増やしたくなり、上昇したあとでも株や先物を買ったり必要以上にポジションを保有し続けたりしてしまうのである。あなたも「すごい速さで上がっている。今買わなければ」と思ったことはないだろうか。そして、仕掛けてしまったあとで、トレンドはすでに衰え始め、反転が近づいているということに気づく。これは欲による典型的な行動だが、もしかしたら衝動も混じっているかもしれない。

大きく勝ち越していた日に1回、欲に駆られたために台無しになることもある。人はだれでも心の奥にお金にかかわるさまざまなきっかけを持っている。欲を克服するためには、なぜそれが存在し、トレードのどのタイミングで出てくるのかを理解することも非常に効果がある。ただ、私たちがトップトレーダーについて調査し、話を聞いた結果、人生でもトレードでもお金という万能な物が幸せや成功を決めるという考えを排除することのほうがより大事なのではないかと思い始めた。次のコメントを読むと、アングルのトレーダーとしての幸せがどこにあるのかが分かる。

【アングルのコメント】 私にとっては、上質のトレード戦略を設計することのほうが実際にそれを使うことよりも満足感がある。マーケットで生計を立てることは目的であり、これで生活していけなければほかの仕事を探す。ただ、この仕事で私が最も情熱を注いでいるのは、システムをデザインする過程だ。

頭が良くて野心的な人たちがひしめくこの業界で、何年も高いパフォーマンスを上げ続けるマーケット戦略を作り上げるのは極めて難しい。だから、そのことを考えると非常に満足感を覚える。ただ、過去の高いパフォーマンスが将来もずっと続くわけではないことも知っている。そのため、将来のパフォーマンスについてあまり期待しすぎないように気をつけている。この業界は、自信

満々でいられるところではない。過剰な自信はマーケットで起こっていることを見極める能力を奪うだけでしかない。人生のほとんどの側面に言えることだが、人は問題を解決したり判断を下したりするときに十分明確に考えることがなかなかできない。

第25章

性格に関するケーススタディー
── リンダ・ラシュキ

Personality Case Study : Linda Raschke

　リンダ・ラシュキは1981年にプロとしてフルタイムでトレードを始め、株式オプションのマーケットメーカーになった。最初はパシフィック・コースト証券取引所のフロアトレーダーになり、のちにフィラデルフィア証券取引所に移った。彼女はS&P500先物の短期トレーダーとして有名だが、実際には複数の時間枠やマーケットやトレードスタイルで積極的にトレードしている。

　1982年から現在まで、ラシュキは独立系の個人トレーダーとして株式、オプション、先物などをトレードしてきた。1993年からはCTA（商品投資顧問業者）として先物をトレードしている。また、金属市場で実需業者用のヘッジプログラムも運用している。さらに、CTAとしては現在グラナット・ファンドを運営している。このファンドは、2009年にバークレーヘッジが調査した4500社のヘッジファンドのうち、5年間のパフォーマンスの部門で第17位に選ばれている。

　ラシュキのトレードの内訳は、45％がデイトレード、45％が短期トレード（2～5日）、10％が中期トレード（5～30日）となっている。彼女は毎週50～60時間はトレードに専念しており、平均で35～50のトレードを仕掛けている。

　私たちが調べたトップトレーダーは、不安（N1）と傷つきやすさ（N6）が低い人が多かった。彼女はその代表例と言ってよい。彼女

はこの２つのファセットがかなり低いレンジに入っていたのだ。ちなみに、Ｎのファセットのなかでかなり低かったのはこの２つだけだった。そこで、このことについて彼女に聞いてみた。

　　【ラシュキのコメント】　私は子供のころからひとつのことに集中するのが得意でした。母にはよく冷たくて他人行儀な子だと言われていました。私は子供のころから独立心が強く、４人兄弟の一番年上ということもあって早い時期から自分で何でもできる子供でした。それに神経も図太かったです。このような側面は持って生まれたものだと思います。ただ、トレーダーとしては、多くのトレーダーとは逆のことを気をつけています。感情を抑えすぎないようにしているのです。多少感情的であるほうが、強さが加わって良いと思います。これは私にとっては努力が必要なことで、感情をすべて閉ざさないようにしておかなければなりません。私は常にこのことを意識するようにしています。

　女性のほうがトレーダーに向いているのかどうか、もしそうならばなぜか、という話題はトレーダーと心理学者の間で常に話題に上り、ときには論争に発展することもある。ちなみに、この件は私たちの研究の本来の目的ではない。ただ、男性トレーダーを成功に導く特性が女性トレーダーにも同じ効果をもたらしているのかどうかは調べる予定だった。そして、私たちが集めたデータから見た答えはイエスだった。Ｘ染色体が１つでも２つでも、神経症傾向（特に不安と傷つきやすさ）が低いことがトレーダーとしての成功に大きく影響していたのである。
　ちなみに、NEO-AC検査は、男性にも女性にも同じ30のファセットをまったく同じ質問を使って検査する。ただ、過去の大量のデータを調べると、性別によっていくつかの性格の違いがあることが分かって

いるため(本当だ)、NEO-ACでは、成人男性用と成人女性用に異なる基準値が設定してある。性別による主な違いとしては、女性は男性に比べて神経症傾向(N)が若干高く、より調和性(A)が高いということが挙げられる。トップトレーダーならば男性でも女性でも「完璧なトレーダー」の性格プロファイルに当てはまりそうな気がするが、トップトレーダーのラシュキが実際に当てはまっていることは注目に値する。要するに、彼女は女性であるにもかかわらず、N1とN6のファセットがかなり低かったのである。

私たちの調べでは、N1とN6が低いことがトレードの成功には必須で、このことだけで言えば男性のほうがトレーダーとして有利なのかもしれない。ただ、この件についてはもちろんさらに調べる必要がある。これ以上書くと失言しそうなので、もうやめておこう。

次に、ラシュキはC2も低く、これは裁量トレードに適していることを示している。彼女の意見も聞いてみよう。

【ラシュキのコメント】 私は証券取引所のフロアトレーダーとしてトレードを始めました。フロアにはシステムトレードなどなく、常に活気にあふれ、常に変化していました。ただ、あそこでの仕事は退屈なこともよくあります。フロアトレーダーが魅力的な仕事だと思っている人たちもいますが、私はそうは思いません。もちろん良い日もあるし、それよりももっと素晴らしく良い日だってあります。でも、退屈な日やイライラが募る日もたくさんあるからです。私は5年間フロアトレーダーとして働きましたが、事故で肩を痛めて辞めました。その時点で、もうこれ以上フロアではトレードできないと思っていました。そこで、取引所の上の階にある清算会社でトレードを始め、そのあとは自宅でトレードするようになりました。私がトレードを始めたときはまだコンピューターはなかったので、最初からずっと裁量でトレードしてきま

した。

　私が家でトレードを始めたときは、今よりもずっと原始的な方法でした。フロアトレーダーだったころはセキュリティ・マーケット・リサーチ社のチャートを購読して、それに価格や日足のオシレーターを手書きで更新していました。ただ、私はテープを読むのも取引所のフロアの動きを読むのも得意でした。つまり、最初からトレードを実践する準備が整っていたのです。

　長い期間使い続けられるシステムはあまりありません。ほとんどは劣化していくからです。もしそうならなければ、みんなが使っているはずです。私が信頼しているのは、ボラティリティブレイクアウトシステムとトレンドフォローシステムの２つです。残念ながら、ボラティリティブレイクアウトシステムは大きいサイズのトレードには向いておらず、トレンドフォローは急に許容範囲を超えたドローダウンになる可能性があります。というわけで、トレードシステムは好きではありません。これまでもずっとそうでした。

　面白いことに、ラシュキは、前章のKD・アングルとは対照的なことを言っている。アングルは、同じ２つのトレードシステムを何年もそのまま使い続けているからだ。このことは、トレードスタイルと性格が合っていなければならないということと、トレードはみんなが同じ方法で同じようにできることではないということを示している。
　ラシュキがトレードする動機と理由について聞いてみた。

　【ラシュキのコメント】　私はただ利益のことだけを考えているわけではありません。私は直感的にその日、またはその月が上げて終わるのか下げて終わるのかが分かります。ただ、パフォーマンスばかり見ていないほうが良いトレードができるとも感じていま

す。実は、これはおかしなことで、私は自分の生徒たちに注意深く記録をつけるスキルを身に付け、損益を注意深く観察するよう教えています。私も最初の12年間はこれをきちんと実行しましたが、今はお金のことはあまり気にしていません。直感的に分かるからです。その代わりに、投資の過程に集中しています。1987年の春に最高利益を更新して喜んだあと、それから6か月間レバレッジを落とさなかったせいで大失敗したときのことは今でもよく覚えています。利益を更新すると自己満足に陥って油断してしまいますが、大事なのはあくまで月末の結果なのです。

　実際、このことはCのファセットが低いラシュキにとって完全に理にかなっている。続きを聞いてみよう。

　【ラシュキのコメント】　私がトレードをするのは、ほかにできることがないからです。ほかのスキルは何も持っていません。つまり、トレード以外に生計を立てる方法がないのです。それに、定期的に勝てると分かっているゲームは楽しくできます。10歳のとき、モノポリはいつも私が勝っていたので、このゲームが好きでした。トレードにも同じことが言えます。うまくできるから好きなのです。

　次に、彼女にとってマーケットについて熟達することは重要かと聞いてみた。私が話を聞いた多くのトレーダーはそう言っていた。彼女は次のように答えた。

　【ラシュキのコメント】　特にそうは思いません。私もマーケットに熟達したいとは思いますが、私のなかの別の声が完全に熟達することなどけっしてできないとも言っています。言い方を変えれ

ば、15年前に比べてトレード中の集中力が落ちてきたことに自分でも気がついています。それにこの２～３年は集中を妨げることも増えました。若いころは、トレードというゲームがよく分かっていました。しかし、今日ではマーケットが週７日、24時間になって資金が世界中を流れているため、トレードは以前よりも難しくなりました。私が今取り組んでいるのは、自分のメンタルエッジを研ぎ澄まして、以前のパフォーマンスを続けていくことです。それが今日の私の動機です。

ラシュキのNEO-ACの結果で、トレードに関連するほかのファセット（O１、O２、O３、O５、E６）は高いかかなり高いのどちらかだった。トップトレーダーたちの話を聞くなかで、彼らが複数の概念を用い、それを整理し、解釈し、マーケットに応用できることが非常に重要だと考えていることが分かった。そして、そのためにはマルチタスクをこなしながら、さまざまな概念を融合し、それを株式市場や先物市場のように変化し続ける対象に適用しなければならない。これはラシュキのような裁量トレーダーにとっては、特に膨大な作業になる。しかし、それをするのに、この性格が有利に働くのである（同じパターンは父の性格プロファイルにも見られた）。

　【ラシュキのコメント】　私には、過去の人たちの考えをみんなが理解できるように伝え、役立てる能力があると思っています。そして、これは本当のスキルだと思います。また、価格の動きに関する独自の概念もたくさん考案してきました。

ラシュキのＮとＯの組み合わせを見ると、彼女がプレッシャーの下でも感情的な衝動を抑制しながらマルチタスクをこなす最高の投資家やトレーダーの典型例であることが分かる。彼らは特定のトレードス

タイルや概念を一貫して使っていたとしても、常に新しいアイデアにも目を向け、適応することができる。彼らは変化や突然の出来事を楽に受け止めることができるし、トレードの考え方を常に広げようとしている。

第26章

性格に関するケーススタディー ──アンドレア・アンガー
Personality Case Study : Andrea Unger

　アンドレア・アンガーはイタリアの大手企業で中間管理職として約10年間働いた。仕事はミラノ大学で学んだ機械工学の知識が生かせて楽しかったが、企業経営にかかわる厳しい現実がどうしても好きになれなかった。

　【アンガーのコメント】　当時、私には部下が30人いましたが、彼らは単なる数字として扱われていました。会社の社員に対する扱い方を見て私は悲しくなりました。彼らだってそれぞれに事情や家族や人生がある人間なのです。しかし、幹部はここは何人削れ、あそこは何人移動させろと命令してきます。会社の目標を達成するためにはそれが普通のことなのです。そうしなければならないことは分かっていました。でも、好きにはなれませんでした。

　2001年、アンガーは人生の方向転換を決意した。マーケットトレーダーとして生きていくことにしたのだ。イタリアの著名なトレーダーであるドメニコ・フォティに指導を仰いだアンガーは、すぐに一番弟子の優れたトレーダーになった。2004年末、彼はラリー・ウィリアムズ・ミリオン・ダラー・チャレンジに参加し、それ以来父の生徒でありトレード仲間でもある。

【アンガーのコメント】　私はいろんなことを検討し、自分のトレードの仕方に合わせられるかどうかと考えます。アイデアは、自分のスタイルを使ってさらに新しいアイデアに発展しそうなものを探します。私がトレードを学ぶ過程には２人の重要な人物がいました。ひとりはトレードを始めたときにトレード戦略を立てる手助けをしてくれたイタリア人の友人であるドメニコ・フォティです。彼は私が知る最も優れたトレーダーのひとりで、彼の助言は非常に有効でした。彼は教えるというよりも、結果を話し合い、自分のやり方に自信を持たせてくれる有益な相談相手になってくれました。そして２人目はあなたの父、ラリー・ウィリアムズです。彼のトレードを見て、自分にも本当にできるという自信を持つことができました。私はラリーと同じ戦略を使っているわけではありませんが、彼のアプローチの仕方やマーケット研究の取り組み方が好きです。ラリーの最も大事な教えは、「新しい発見は常にある、それを探し当てる準備を整えておかなければならない」ということです。

　アンガーは探究心が強く、よく学び、ほかの人のアイデアも採り入れたいと思っている。独立系のトレーダーとして活動していた彼は、単純に他人のコピーをするのではなく、そこから独自のトレードスタイルを作り上げていった。そして、そのかいは十分あった。彼のトレード利益は急速に増え、過去10年間に実績と称賛を重ねてヨーロッパのトップトレーダーのひとりに成長したのだ。彼は2005年にランバードレポート・ドット・コムが主催するトップトレーダーカップで優勝し、その１年後にはイタリア語で書かれた初めてのトレーダー向けマネーマネジメント本の『マネー・マネジメント ── メソッド・アンド・アプリケーションズ』（Money Management : Methods and

Applications）を出版した。メンサのメンバーでもあるアンガーは、ミラノにあるIW銀行が主催する「Tカップ」でも、1カ月間で50％の利益を上げて優勝した。

アンガーは夢をかなえ、2008年にワールドカップ・チャンピオンシップ・オブ・フューチャーズ・トレーディングで年率672％という高利益を上げて優勝し、世界的なトレーダーになった。この結果が偶然ではないことは、2009年にも115％を上げて約20年ぶりの連続優勝を果たしたことで証明された。しかしそれで終わりではなかった。2010年にも240％を上げて三連覇を果たしたのだ。

アンガーはフルタイムのトレーダーで、マーケットの複雑さを楽しんでいる。彼は「簡単な儲け話などありません」と言う。「マーケットでは、規律と適応力が必要です。私はマーケットに適用できる手法を開発しようとしています。マーケットを自分のアイデアに適用させようとは思いません」

アンガーのNEO-ACの結果を見ると、いくつかの興味深いパターンが見つかった。ただ、彼の性格を分析する前に、本書で彼の名前と検査結果とコメントを使わせてくれたことに感謝したい。読めば分かるが、ここにはかなり個人的な情報が含まれている（私たちは協力してくれたすべてのトップトレーダーに、本書では匿名で紹介することを申し出て、当然ながらほとんどの人がそれを望んだ）。アンガーが性格特性とそれがどうトレードに影響しているかを公表することに同意してくれたのは、自分自身について学ぶことでトレーダーとしてさらに成長したいという彼の意欲を表している。アンドレア、読者が学ぶチャンスを与えてくれてありがとう。

全体で見ると、アンガーのNの点数は平均的だった（N＝78）。しかし、これだけでは誤解を招きかねないため、NEO-ACの完全版で神経症傾向をファセット別に見なければならない。Nだけでは感情反応が高くも低くもないように見えるが、実際のアンガーはかなり複雑な

性格だからだ。

　アンガーの性格は、不安（N1）と傷つきやすさ（N6）が低かった。これは成功したトレーダーによく見られるパターンで特に目を引くことではない。しかし、彼は神経症傾向のなかの抑うつ（N3）が高く、あと少しで「かなり高い」に届く値だった。ちなみに、トップトレーダーのなかでこの値を付けた人はいなかった。前にも書いたが、N3が高い人が常に悲しんでいたり憂鬱な気分になったりしているわけではない。これは、一定のストレスがかかった状況で普通の人よりも悲嘆に対する反応が強く出るということを意味している。ただ、彼の場合はN3が高かっただけでなく、外向性のより良い感情（E6）がかなり低かった。

　アンガーとの面談の前に、まず彼の検査結果を見たとき、いくつかの考えが浮かんだ。性格がこのような構成（抑うつが高く、良い感情がかなり低い）になっている人は、マーケットが逆行しているときに過度に悲嘆したり憂鬱になったりしないよう十分気をつけなければならない。このような悲嘆への反応があると、次のトレードやマーケットの次の動きを考えるときに必要な認知力が妨げられやすい。また、トレード以外のことでの落ち込んだ気持ちが、トレードの妨げになることもある。この特性の組み合わせの人は、たった1つの負けトレードが本当の悪循環につながり、ときには臨床的なうつ病にまで発展することも心配だ。これは早期に発見して治療しなければ重大な結果につながる可能性もある。

　アンガーに彼の性格プロファイルの「落ち込む」結果を伝えると、彼は検査の洞察力に驚いた。そして、ときどきトレードに関して大きく落ち込むことがあると明かしてくれた。実際、彼はここしばらくトレードに関して嫌な気分が続いており、それがトレード結果に表れているということだった。不幸な気分のときは以前のようなパフォーマンスを上げることができず、このようなことは以前にはなかったとい

う。

　最近の落ち込みの理由を解明するためにさらに掘り下げていくと、どうやら彼自身がひどいトレードに手を出したり、損失を出していたりしたわけではなく、彼の助言に従ったトレーダーが損失を被ったときにこのような気持ちになることが分かった。世界で最も成功している先物トレーダーとして知名度が上がると（十分それに値している）、アンガーのまねをしようとするトレーダーが出てきた（おそらく依存心が高い人たち）。しかし、依存しすぎるトレーダーの章で書いたように、トレードという仕事は、「カリスマ」のまねをすれば必ず失敗に終わる。このことについて、アンガーは次のように言っていた。

　【アンガーのコメント】　私は、自分が勧めるプログラムのシグナルとは反対のポジションを仕掛けることもよくあります。それは例えば、時間枠や期間が違うからだったり、元のシグナルと相関関係があるマーケットでほかのシステムが反対ポジションを建てたからだったりする場合です。

　ただ、たいていは、これらのポジションで損失が出てもよいと思っています。むしろ私の「フォロワー」のほうが利益を上げて喜んでほしいくらいです。ただ、これはバカげた発想で、どちらの手法も中期から長期ならばうまくいきます。私は自分の損失には責任を持てるし、それについてフォロワーよりもよく理解しているつもりです。ただ、お金を何かにつぎ込むことがどれほど神経を使うことか分かっているため、顧客が満足しているかどうかが最も気になります。残念ながら、それに対する解決策はまだ見つかっていません。私の講習会に参加した人や私のシグナルに従った人が損失を出したときは、とても申し訳ない気持ちになります。

　そして、申し訳ない気持ちになることが問題を引き起こします。

まず、機嫌が悪くなります。フォロワーのために指示を出すシステムからあえて離れるときもあります。普通のときならばこれが間違いだということは分かっています。しかし、その間違いをときどき犯してしまうのです。私は常にフォロワーのためのシステムを調べて改善したり、損失にかかわる問題を解決したりしています。それをしても申し訳ないという気持ちは消えませんが、少しでも軽くなればと思っています。

アンガーが、自分の助言に従って大事なお金を失った人に対する感情反応で苦しんでいるときには、それが彼自身のトレードにも影響を及ぼしていた。

【アンガーのコメント】　実は、性格プロファイルからは期待以上に学ぶことができました。あなたは私の性格を掘り下げて説明してくれましたが、私も自分自身をあなたが指摘したように見ています。あなたが、私の悲しみの部分に注目したことはとても興味深いことです。私は、失ったのが自分のお金ならばあまり気にしませんが、私に従った人たちの損失については、あなたが言ったように感じています。

　「申し訳ない」と感じるのは、私の生徒たちに対してだけでなく、むしろそれ以上に私のニュースレターを購読してくれている人たちや、私が顧問を務めているワールドカップ・アドバイザー・トレードのフォロワーたちに対してです。私は、あるシステムに従ってニュースレターで紹介するトレードや自分のトレード口座で仕掛けるトレードを決めています。そして、私のフォロワーも自動トレードのツールを使って同じトレードを実行しています。彼らは明らかに私に依存していますが、それは私がそういう扱いをしたりそう教えたりしたからではなく、そういうサービスを購入

したからです。私が提供しているサービスは、裁量で判断する余地がほとんどあるいはまったくありません。もちろん、ニュースレターの指標に従わないとか、保有中のトレードを手仕舞うという選択肢はありますが、有料サービスでそれをするのはバカげています。

　アンガーが彼の助言に従って損失を出した人たちに対して悲嘆する問題について、考えつく解決策は２つしかない。助言を依頼されても断れるようになるか（カリスマや先生でいるのをやめて自分のトレードに専念する──しかし、もし教えるのが好きならば選択肢にならない）、彼に依存しすぎているトレーダーの失敗に責任を感じないようになるしかない。もしみんなが彼のマーケットでの動きをすべてまねするならば、それは彼ら自身の責任で行わなければならない。
　彼自身が何人かのメンターや先生の指導の下で猛勉強し、彼独自の特性を生かして成功したように、今度は彼が先生という立場で生徒たちに彼ら独自のスタイルを見つけ、独自のトレードの仕方を探すよう指導をしなければならない。彼は生徒たちに彼と同じことをするのではなく、彼の手法を発展させて自分のトレード戦略に適応させることを教えなければならないのだ。そのためには、彼が提供しているサービスにもっと裁量トレードの部分を取り入れるべきなのかもしれない。
　彼がこの効果を実感できるようになるまでには多少時間がかかるかもしれない。また、独立心が強く、メンターや先生を賢く使っている彼は、フォロワーたちがその性格特性ゆえに依存しすぎて葛藤していることを完全に理解することはできないかもしれない。もちろん、アンガーもフォロワーたちが彼と彼の助言に依存しすぎていることを頭では分かっている。しかし、彼らがいかに助言に縛られ、彼らが聞きたい助言をアンガーに求めるという落とし穴に落ちかねないということは分かっていないかもしれない。

そうなると、もうこれは自己達成的な予言の様相を呈してくる。フォロワーたちが聞きたい指示や助言を与え、その結果彼らが損失を被ると、アンガーはそのことを悲嘆し、それが彼の個人トレードに影響を及ぼすことになる。もちろん、フォロワーのなかにも彼のサービスを賢く適切に使って利益を上げられるようになり、自力でトレードして成功する人もいるだろう。生徒のなかには、いずれ彼ら自身が先生になる人もいるだろう。アンガーは、彼のまねをするだけのフォロワーがいずれ失敗することになっても、それは彼のせいではないということをきちんと認識しなければならない。

　そのためには、他人に依存する人たちのことを十分理解したうえで、教え方やトレードの助言の仕方を変えていくことが助けになるだろう。フォロワーたちには、成功したければもっと自立心を持って彼に頼りすぎないことが重要だ、という教えをいずれ何らかの形で助言に織り込んでいかなければならない。それが、フォロワーの損失でアンガーが悲しい気持ちになることから解放される唯一の方法だと思う。

　今回のケースはアンガーの状況に合わせた独自の解決策で、読者がそのまま応用することはできないかもしれない。ただ、ここで重要なのはNEO-ACの結果が性格について多くを語っているということである。そしてこのなかには、トレード中の感情や、実力を完全に出しきるのを妨げている感情を解明するヒントが含まれているかもしれない。

　次に、アンガーの誠実性に目を向けると、ここにも変わった点があった。トップトレーダーのなかで秩序（Ｃ２）のファセットが低い人は裁量トレーダーが多く、高い人はシステムトレーダーが多かったことを思い出してほしい。しかし、アンガーは違った。彼はシステムトレーダーなのにＣ２が低かったのだ。なぜこのような結果になったのかを知るために、彼の話を聞いた。

　【アンガーのコメント】　私は主にトレードシステムを使うことで

より成功を収めてきました。私は、バックテストの結果で自信が得られるシステムトレードのほうが安心してトレードできます。

　私はこれを聞いて考え込んでしまった。システムの過去の記録を見て自信を得るというのは本当だろう。しかし、私たちは「過去の実績は将来の結果を約束するものではない」ということも知っている。また、ほかのトップトレーダーたちも、過去に自分で選んでうまくいった記録を見て自信を得ると言っていた。アンガーにとっては、自分の能力よりもシステムの過去の実績のほうが自信を与えてくれるということなのだろうか。実は、NEO-ACで自信を表すコンピテンス（C1）のファセットがアンガーは若干低めだった。トップトレーダーの多くはC1が若干高めで、多少自信がある人が多かったことと比べると、アンガーは少し例外的と言える。私は、このC1が低いことこそ、C2が低いにもかかわらずアンガーがトレードシステムを使っている理由だと思っている。

　もちろん、これまで比類ない成功を収めてきたアンガーに、システムトレードをやめてトレードスタイルを変えるべきだと言うつもりはない。壊れていないものは直してはならない。しかし、少なくとも検討の余地はあると思う。もしかしたらこれは、一歩下がってトレードする理由や手法を見直すチャンスなのかもしれない。アンガーの話の続きを聞いてみよう。

　【アンガーのコメント】　裁量トレードは毎日が新しい挑戦ですが、システムトレードはどちらかといえば努力した結果の応用に近いものがあります。トレードすることによるストレスやほかの活動から来るストレスに、さらに日々のストレスを上乗せしたくはありません。それがシステムトレードをしている大きな理由です。私も裁量トレードをすることがあり、間違いなく利益は出ていま

すが、正確な結果を見たことはありません。

　私は基本的に間違いたくないのです。理由は損失を出したくないからではなく、負けると自信もなくすからです。システムを使うと、結果を長期間で検証することになります。システムでは負けトレードもドローダウンも普通のことです。それがシステムの一部として予想していたことかどうかもはっきりしています。しかし、裁量トレードはトレードひとつひとつが挑戦で、パフォーマンスの報告書もありません。つまり、裁量トレードは仕掛けるたびに検証する必要があり、これを続けていくのは大変そうです。

　システムトレードを好むもう一つの理由は、ずっとついていなくても自動的にトレードしてくれることで、日中に一定の自由時間がとれることです。ただ、あなたの分析は心に残りました。熟考したうえで、もし裁量トレードを増やす価値があると思えば試してみます。まずは頭を整理してみる必要があります。

　アンガーがシステムトレードに引かれる理由について、あとひとつ考えられることがある。Ｃ２が低いことは成功した裁量トレーダーの主要な特性だが、彼らの多くはそのほかにＯ１とＯ２とＯ３が高くてＡ２が低かった。これについては、父の章とリンダ・ラシュキの章に詳しく書いてある。アンガーの場合は、Ｏ１は高いがＯ２は低く、Ｏ３は平均的で、Ａ２はかなり高かった。もしかしたら彼の性格プロファイルは裁量トレードというスタイルの「芸術性」にはあまり適していないのかもしれない。

第27章

性格に関するケーススタディー
── ラルフ・ビンス
Personality Case Study : Ralph Vince

　ラルフ・ビンスは過去30年間、機関投資家向けの資産運用会社に勤務し、何百万ドルもの資産を運用し、政府系ファンドや個人トレーダーに助言してきた。彼は、コンピュータープログラマーとしてファンドや大口トレーダーやプロのギャンブラーのために分析プログラムを書いている。また、彼の専門分野であるポートフォリオマネジメントや、ポートフォリオとトレードの最適化に関する5冊の著書もある。

　父がロビンス・ワールド・カップで1万ドルを111万ドルに増やして優勝した1987年に、ビンスは父とチームを組んだ。きっかけは、父がケリーの公式（詳しくは後述する）をマネーマネジメントに積極的に活用するのをビンスがたまたま目にしたことだった。それ以来、彼はトレーダーや投資家のためのマネーマネジメントシステムの分野で先端を行く専門家の道を邁進している。彼はトレーダーのためのマネーマネジメントに関する数冊の本（最新作は『リスク・オポチュニティ・アナリシス』（Risk Opportunity Analysis）や論文を発表しているだけでなく、彼の考案した新しい統計テクニックは、今日では業界で広く使われている。また、企業のポートフォリオマネジャー向けにポートフォリオリスクマネジメントのワークショップも開催している。2011年、彼が経営するLSPパートナースは、世界最古の指標であるダウ平均を発表しているダウ・ジョーンズと組み、ビンスが考案した戦

略を応用した一連の指標を共同ブランドで提供することに合意した。

トレードの世界で、ビンスの名前は戦略的マネーマネジメントとほぼ同義語と言ってよい。彼は経歴も面白い。1980年、20歳のビンスはオハイオ州クリーブランドのペイン・ウエバーで初めての採用面接を受けた。彼は面接で、証拠金管理の事務員に応募したのかと聞かれた。すると、実際は違うのに「はい」と答え、翌日から証拠金事務の仕事を始めた。これは、金融関係の教育も訓練も受けていない若者にとって大変な仕事だった。しかし、彼には数学の驚くべき才能があった。そのおかげで、彼は短期オプションのポジションに必要な証拠金の額を素早く算出できる優秀な証拠金算出の事務員になった。ビンスは、この最初の仕事について「厳しい洗礼だったが、この世界で仕事を始めるには素晴らしい方法だった」と言っている。

しかし、ほかの人の利益のために計算するだけの仕事にあきたらなかった彼は、自己資金でトレードを始めた。そして数年後、ニューヨークで先物市場の事務管理を請け負っているコンピューター会社で働き始めた。同じころ、IBMが初めてのパソコンを発表した。トレード業界は近代に突入したのだ。ただ、ひとつ問題があった。トレーダーがパソコンを買っても、それを活用するためのプログラムがなかったのだ。みんながビンスのところに押しかけ、さまざまなトレード戦略を綿密に試すためのプログラムを書いてほしいと懇願するのは時間の問題だった。

ビンスの経歴で次に記念すべき出来事は、1985年にシカゴのとあるホテルのロビーで父に出会ったことだった。2人はすぐに親しくなり、父はビンスにトレードシステムの検証を依頼した。「当時、ラリーは大金を運用しており、彼のおかげで私はマネーマネジメントやトレードの配分に目覚めました」

当時、父もビンスも1962年に出版されたエドワード・ソープの『**ディーラーをやっつけろ！**』（パンローリング）に興味を引かれていた。

この本のなかで、ソープは「ケリー基準」に基づいた公式（ケリーの公式）について述べている。この公式を使えば、ギャンブラーがカジノで最大の儲けを期待できる賭け金がいくらかを算出できるというのである。ただ、ひとつだけ問題があった。ソープはこの公式をマーケットではなくギャンブルのシナリオのみで使っていたからだ。そこで、父とビンスは共同でソープの公式をマーケットに応用できるよう調整することにした。

2人が作った新しい公式は、ケリーの公式を創造的かつ見事に応用したものだった。この公式を使えば、利益を最大にするためにはどれくらいの金額をトレードすればよいかを、トレーダーの資産価値と使用しているトレードシステムで予想できる最大損失額をもとに算出できる。ビンスは、この結果を紹介した**『投資家のためのマネーマネジメント──資産を最大限に増やすオプティマル f 』**（パンローリング）を出版している。ちなみに、「オプティマル f 」は2人が考案したマネーマネジメント手法の名称で、ビンスが命名した。

マーケットトレーダーの多くは、トレードするマーケットを選んだり、期が熟したセットアップを探したり、これまでよりも利益率が高いシステムやパターンを開発することに多くの時間を費やしている。しかし、ビンスはそれとは違う視点を持っている。世界有数のマネーマネジメントのカリスマとして、彼は多くの時間を最適なトレードサイズを考えることに捧げてきたのだ。彼は、戦略的なマネーマネジメントのほうがマーケットの選択やタイミングよりも重要だと考えている。

私はビンスとの面談の初めに、彼の性格特性はほかのトップトレーダーとは著しく違っていたということだけを伝えた。ただ、このときはどこが違ったのかは言わなかった。彼の偏見のない生の反応を見たかったからだ。彼はこう答えた。

【ビンスのコメント】　君がそう言うのも無理はない。トレードは私にとって長くて苦しい道のりで、それは私の性格に欠陥があるからだと思う。私は臆病で、軽はずみで、薄っぺらい人間だ。このような性格は、優れたトレーダーになる妨げになることが多い。集中力がある人は、マーケットで明らかに有利だが、私にはそれが備わっていない。優れたスポーツ選手にも同じことが言える。例えば、マニー・ラミレスのような大打者は、バッターボックスに入ってもリラックスして自由に動くことができる。彼らは自然に精神統一できるからだ。私が知っている優れたトレーダーたちも同じことができるが、私にとってはそれがとても難しい。私は緊張し、硬直してしまってトレードに集中できない。トレードに関しては注意力もない。トレードの目標と目的は利益を上げることだが、私はトレード中にそれをすぐ忘れてしまう。すぐにほかのことが気になり、それが不利に働いている。

　そこで、私は長年かけて自分の性格を考慮した独自のトレードスタイルにたどり着いた。だから長くて苦しい道のりだったのだ。自分に合うスタイルがはっきりしてきたのはほんの３～４年前からで、今ならばその理由がよく分かる。私は、トレードをできるかぎり退屈なものにしないと利益を上げることができないということを発見した。過去を振り返ると、農夫が自分が植えた野菜が育つのを見守るくらい退屈なときに利益が上がっていたのだ。私が適切にトレードしているときは、退屈で、満足感などまったく得られない。興奮もしないし、私の精神的な欠陥――自分で気づいている欠陥なのか、まだ気づいていない何かなのかは分からないが――から来るむなしさが埋まるわけでもない。私は作物が育つのを見守る本物の「退屈な農夫」なのだ。

　このあと、私は彼の性格特性について説明を始めた。すべてのファ

セットのなかで、彼の性格で最も極端だったのは、怒りや敵意（N２）で、チャートの外にはみ出しそうな高い値だった。次に高かったのは自己主張を表す断行性（E３）だった。ここで第４章で紹介した「次元」の概念を思い出してほしい。極端な値が、最も多くを語る（第４章の姚明のケースのように良いか悪いかは別として）ため、私たち心理学者や精神科医はまずそこに注目して性格の全体的な構成を考えていく。私たちが調べた革新的なトレーダーのなかで、N２かE３が「高い」か「かなり高い」人はビンスだけだったことから、彼がトレーダーとしてこの性格にどのように適応しているのかを知りたくなった。また、彼は不安（N１）も高く、衝動性（N５）はかなり高かった。私たちが調べた何十人ものトップトレーダーのなかで、不安が高かったのはビンスとダン・ザンガーの２人だけだった。

【ビンスのコメント】　例えば、隣の部屋にいる人（冗談で妻のことを言っている）のことで怒りが抑えられなかったとする。でも、それが本当にすぐ退屈に変わるんだ。仕事を始めたばかりの若いころは、怒りにまかせて復讐トレードを仕掛けるなどの問題を抱えていた。でも時間とともに怒りを前向きなトレードに向けられるようになった。数学を使えば、私は自分の怒りの感情をもっと生産的なことに向けることができ、それが非常に集中した状態を維持するのに役立っている。かつては、望んでもいないのに、マーケットで自滅的なことをしてしまうことがあった。もし自分がトレードしているマーケットが突然下落して、それに対して怒っていると、本当に買うべきだと思ったからではなく、感情の赴くままにさらに買ったりしていた。でも、これはずっと昔の話で、このような感情の起伏は年月とともにすっかりなくなった。当時はひどい人間だったのだと思う。

　つまり、私に合っているのは、耐えられないくらい退屈なトレ

ードなのだ。今でもはっきり覚えているのは、11歳くらいのとき学校で心理学者による性格検査を受けたときのことで、これがおかしかった。心理学者から結果と説明を聞くために名前を呼ばれたときのこともはっきりと覚えている。そして、心理学者から私が非常に衝動的で薬物を乱用するリスクが高いと言われたんだ。あれから47年たった今でも、あのときの彼の真剣な顔が目に浮かぶ。私はおびえ、大人たちは私と私の病的な性格をとても心配していた。このことは長いこと自分のなかにしまっていた。

　このような会話はある意味とても重要だ。自分にとって何がうまくいくのかや、どうやってそこに到達するのかが明確になるからだ。トレードを野菜が育つのを眺めるくらい退屈にしておけば、私の不安や怒りや衝動は表には出てこない。私にとってこれはトレードのタイミングや選択をシステムでモジュール化することに当たる。私がトレードしたり、トレードの準備をしたり、自分のトレードを観察するのに費やす時間は1週間に15～30分程度しかない。それだけだ。それも30分というよりは15分のほうに近い。私にとって人生最高のトレードは、このやり方のときにできると気がついたからだ。

　ただ、こう気づくまでには時間がかかった。でも、自分自身と自分の弱さを排除してみると、本当にマーケットで想像もしなかったようなものすごい利益を上げることができた。以前もトレードで利益は上げていたが、この3～4年、野菜畑の手法を取り入れてから、実質的な連勝が続いている。本来の自分とトレードの楽しさをすべて排除することの重要性はいくら強調してもし足りない。

　私はこの方法を「退屈プログラム」と呼んでいる。しかし、そんなことがあるのだろうか。私のこのプログラムは、ほかの人に使ってもらいたくてテレビで宣伝するようなものではない。「こ

れであなたも私と同じように驚くほど退屈な仕事と人生が手に入ります」と言っても仕方がない。喜劇のようだが、それが私のシステムであり、私にとってはうまくいく方法だ。

私はビンスに、これまで他人の資金を運用したことがあるか、あるいは今後そのつもりはあるかと聞いてみた。

【ビンスのコメント】　ない。他人のお金でトレードするくらいならばドブでも掘っているほうがマシだ。これは本当だ。幸い、私のトレードシステムはダウ・ジョーンズが販売している指標パッケージに組み込まれている。これは自分の成果が世に出て使われ、みんなが間接的に私と私のアイデアを使って利益を上げているということで、良いことだと思う。ただ、他人の資金をトレードする仕事には絶対に就きたくない。これは瀕死の患者を手術する外傷外科医とか、殺人犯を弁護する弁護士には負けるかもしれないが、他人が一生懸命働いて得たお金を運用する責任を精神的に私には負いきれない。

　これには私の父親が極めて衝動的なギャンブラーだったことがかかわっている。私はギャンブルのような世界がいかに感情に支配されているかということを見ながら育った。ギャンブラーにお金を託して賭けてもらうことなど想像できるだろうか。自分のお金ならばリスクも期待値も分かっている。しかし、ほかの人のトレード条件はよく分からない。なかには、トレードで心の隙間を埋めようとしている人もいるかもしれないが、それを託されるとその感情は彼らのものではなく私のものになり、それはとても手におえない。もし10％の利益を上げ、それは特定のマーケット状況において私には納得できるリターンだったとしても、彼らが喜ぶかどうかは分からないのだ。

いずれにしても、分かっていることがある。人間の感情——自分でも他人でも——という落とし穴にはまってはならないということだ。私は自分の病的な傾向だけで本当に手いっぱいなのだ。ほかの人の感情まで受け入れることはとてもできない。

私は早い時期からマーケットには性格の兆候の「領域」があることに気づいていた。この領域の一方には、すぐ仕掛ける衝動的なギャンブラー——妻が追いかけて来て「もし主人がオプションをトレードしているのを見かけたら、この番号に電話してちょうだい」と言い残していくようなタイプ——がいる。そして反対側には株価テープの前に座ってマーケットの細かい動きまですべて書きとっているのにまったくトレードを仕掛けない連中がいる。

ただ、トレードで最も重要なのは、自分の条件——本当の目的は何なのか——を設定することだということを、私は発見した。それを防具に使えば、この領域のどちらの側にも引きこまれなくなる。実際、自分が何を求め、何を達成しようとしているのかが分かればその領域のなかにすら入らなくてすむ。そして、その条件を追求すれば、必然的に退屈になる。私の経験では、この条件を明確にすることとトレードの成功率には相関関係がある。個人トレーダーは、自分の条件を明確にすることがあまりない。しかし、成功している機関投資家は、ほぼ必ずそれをしている。

ビンスと面談した翌日、私はビンスから次のようなうれしいeメールをもらった。

　　昨日はありがとう。本当に感謝している。昨夜の話は、予想もしていなかったいくつかの洞察をもたらしてくれた。もしかしたら、これはほかの人たちの役にも立つかもしれない。

私が、猛烈にひねくれた性格にもかかわらず、トレードで成功できた理由がやっと分かった。それは、私が自分自身と自分の性格をトレードから排除する方法を見つけたからだ。最大の理由はトレードの過程から心の病気という性格の鎧を完全に脱ぎ捨てられるようになったことにある。私は1週間に15～30分しか仕事（これが仕事と言えるならば）をしない。意図的に自分を介在させない方法を編み出したからだ。私が成功したのは、ある意味かなり「極端」なケースだと思う。私はたまたまこのようなひねくれた性格で生まれてきたため、それがトレードに悪影響を及ぼさないようにするためにはそこまで極端にする必要があった。それが私の退屈プログラムで、大きな利益をもたらしてくれた。

　これらのことは、昨夜君と話をするまでは漠然としか分かっていなかった。しかし、なぜ自分がこのやり方で成功できたのかと、どうやってそこにたどり着いたのかが見え始めてきた。君はこの偉大な真実に私の目を向けてくれた。そのことに、とてもとても感謝している。

第28章

性格に関するケーススタディー ──スコット・ラムジー
Personality Case Study : Scott Ramsey

　スコット・ラムジーはマーケットで30年以上トレードしてきた。彼は1994年にデナリ・アセット・マネジメントを設立して以来、ずっと社長の座にある。出身はシカゴだが、現在は米バージン諸島を故郷と呼んでいる。

　ラムジーは、デナリをマクロファンドとして経営している。このファンドでは、株価指数や商品、通貨などの先物で広域な経済トレンドをとらえて利益につなげようとしている。ラムジーは、マーケットが荒れ狂うときでも生き残り、むしろ成長を続ける数少ないヘッジファンドマネジャーでいることに誇りを持っている。トレードに対する個人的なモットーは、「チャンスは混沌から生まれる」。彼は、混沌は金融危機からも重要な経済発表からも生まれ、トレンドの変化と一致することが多いと書いている。

　ラムジーは、これまで驚くべきパフォーマンスを上げてきた。マーケットが荒れた時期も含めて、損失に陥った年がただの１回もなく、現在は10億ドル相当の資金をすべて先物で運用している。2000年にデナリ・パートナースを設立して以来の年間平均リターンは16％を維持している。また、月間ドローダウンは最悪のときでもわずか10％にとどまっている。

　ラムジーのトレード期間は１週間以下で、毎週50～60時間をトレー

ドやトレードの準備に費やしている。そして、毎週20～30のトレードを仕掛けている。彼は、プロのヘッジファンドトレーダーとしては少数派の裁量トレーダーである。そのことについて彼は次のように言っている。

【ラムジーのコメント】　私は工学系の知識があり、トレードは独習しました。最初は自分でシステムを作り、これはまあまあのできでした。素晴らしくはなくても、まあまあでした。そのあと、マーケットのファンダメンタルズについて読んだり学んだりしてから、大きな利益が出せるようになりました。

　私は、システムトレードと裁量トレードのどちらかが他方よりも優れているとは思っていません。2つはまったく別の手法で、投資家のポートフォリオにとってはそれぞれにメリットと使い方があります。私は裁量型のCTA（商品投資顧問業者）として資産を運用していますが、それには30年以上取引所の立会所で断続的に培ったスキルがあるからです。マーケットに参加しているトレーダーの多くは、期待と感情で判断を下しています。いつかコンピューターがトレードをすべて代行してくれるようになるまでは、みんなが感情的になって理性を失っているときに冷静に行動し、チャンスを見極め、彼らから利益を上げていく裁量トレーダーの活躍の場があると思います。

ラムジーの秩序（C2）のファセットは、予想どおり低かった。これは私たちが調べた裁量トレーダーに共通した特性である。成功したトレーダーでC2が低ければ、裁量でトレードしていることが予想できる。

【ラムジーのコメント】　デナリの顧客や顧客になりそうな人たち

のポートフォリオは、マーケットサイクルのどの時期でも同じように運用するシステムトレード系のファンドが大きな割合を占めています。私たちの顧客は、デナリの裁量トレードがシステム運用の部分を補完し、マーケットが不安定な時期もポートフォリオ全体のパフォーマンスをならすことを付加価値として期待してくれています。

ラムジーが好例として挙げたのが、2008年の金融危機とそのあとの「大不況」だった。多くのシステム系CTAが資金を失うなかで、ラムジーのデナリ・ファンドはかなりの利益を上げた。ラムジーは、30年間のトレード経験とデナリの調査と集中的なトレードが成功のカギになったと感じている。彼は、危機がもたらす混沌と荒れたマーケットが生み出す感情が、利益チャンスを生み出すことを知っている。少なくとも準備を整え、負けトレードに気をとられすぎなければチャンスはあるのだ。

彼はすべてのトレードを裁量に基づいた知恵と洞察で仕掛けているが、デナリではファンドのすべてのトレードを高い規律に基づいてリスク管理している。1つのトレードでとれる最大リスクは1％、1つのセクターならば最大3％、1つのポートフォリオならば最大10％までと決まっている。また、含み益が出ているトレードの逆行幅も限度が厳しく決まっている。

【ラムジーのコメント】　当社のリスクマネジメントの限度を超えることはありませんが、私たちのトレードは裁量で行っている部分がかなりあります。そのおかげで、潜在利益を最大にしてリスクは最小になるようにマーケットの状況に応じてポジションを増やしたり減らしたりすることができます。そのため、私たちのトレードの平均期間は短めです。実際、私たちのトレードのほとん

どはマーケットの状況や期待値の変化に基づいて裁量で手仕舞っています。要するに、最初に置く損切りは、裁量によって手仕舞わなかった場合の最後の安全な出口戦略になっています。

ここで私はラムジーに、彼は不安（Ｎ１）の値が低いことと、これはほかのトップトレーダーと似ていることを伝えた。彼は次のように答えた。

【ラムジーのコメント】　それは理にかなっています。チャンスを探すためには、冷静かつ理論的に考えなければなりません。私もいつもそうあろうと心がけています。特に、マーケットが不安定なときにこれ以上大事なことはありません。私が不安になりそうなときは、たいていトレードがうまくいっていないときです。そのときの私の最初の反応は、うまくいっていないトレードを手仕舞うということで、そうすればエネルギーをうまくいっていることや目の前のチャンスに集中できます。私は基本的に、まず逃げ出してから疑問を投げかけることにしています。

　私はトレードするときに必ず損切りを置くことにしています。そうすれば、自分のエクスポージャーが正確に分かるからです。それに、もしボラティリティが高すぎると感じたり、経験に照らして動きがおかしいと感じたときはすぐに全部手仕舞ったり、サイズを小さくしたり、損切りを近づけたりします。もしマーケットが再び期待どおりの動きを始めれば、翌日、あるいはその日のうちに同じポジションを仕掛けることもあるかもしれません。これをすると、たいていは小さな損失が生じますが、それは保険のようなものだと思っています。大きな打撃を避けるために、小さい損失と言う保険料を支払っています。

私は最初、ラムジーが語った不安とマーケットの話がほかのトップトレーダーとはかなり違うと思った。ほかのトレーダーたちは不安と直面することが大事で、パニックになりそうなときも引き下がってはならないと言っていた（ジェリー・ライスもそう言っていた）。そこで、私はラムジーに、不安やイライラが始まったらマーケットから逃げ出す理由を聞いてみた。すると、次のような答えが返ってきた。

　【ラムジーのコメント】　不安定な状況で必ず逃げ出すわけではありません。手仕舞うのは、マーケットが期待した動きになっていないときです。例えば、何か大きな出来事があってマーケットが期待した方向と逆行しているときは、投資家が感情的になっていることを意味しています。私は、ほかの投資家の感情に従うつもりはありません。私は常にマーケットの感情を測り、「ほかの人たちは何を考えているのか」と自問しています。その意味では、実際にマーケットに不安があると、私はそれを感じることができます。そうなったときはポジションを手仕舞って撤退し、マーケットがそのときの状況に合った動きになったと感じたときに再び仕掛けます。

　資金が危険にさらされているときは、ある程度の不安を感じます。だから私たちトレーダーはみんな不安を感じることがあります。むしろ感じなければダメです。不安を取り除くことが目的ではないのです。不安を感じることは必要なことで、素晴らしいツールでもあります。不安はもろ刃の剣だと思います。ほかのトレーダーが感じていることに波長を合わせる手助けになる反面、冷静さを保って理性的に考えるために克服しなければならないことでもあります。つまり、感情に負けないこととそれをバロメーターとして使うことのバランスをとっていかなければなりません。

私はラムジーに、先物ヘッジファンドの大物トレーダーとしてパフォーマンスについての不安を感じるかどうかと聞いてみた。

　【ラムジーのコメント】　もちろん感じます。他人のお金を運用していてドローダウンに陥ったら、そうならないほうが難しいでしょう。しかし、それが私の選んだ道なのだから対処しなければなりません。これもトレードの一部なのです。難しいのは全体像を正しくとらえることです。私は不安を２つに分けて考えています。ひとつは他人のお金を運用することの不安で、もうひとつはパフォーマンスが悪いことによる不安です。私は顧客に、デナリに投資されたお金は私の自己資金とまったく同じように運用すると伝えています。そのうえでどうするかは顧客の自由で、彼らは月末になればいつでも解約することができるため、彼らの資金を運用することについての感情の問題はありません。ちなみに、パフォーマンスに対する不安は、もし私が正しくマーケットに臨み、効果的にリスクを管理していれば、ドローダウンはいずれ終わって不安も消えると考えています。直近のパフォーマンスにくよくよするよりも、目の前のチャンスに集中するようにしています。

　ラムジーは、自信過剰なトレーダーの行動についても興味深い洞察を披露してくれた（彼自身のＣ１は平均的だった）。

　【ラムジーのコメント】　マーケットには敬意を表さなければなりません。マーケットは常に正しいのです。私はときどきマーケットとぴったりと同調できるときがあります。しかし、マーケットの動きが分かったと思い始めると、マーケットは本当の支配者がだれかを見せつけてきます。マーケットの英知に常に敬意を表しておかなければ、高くつくことになります。1980年、シカゴ・マ

ーカンタイル取引所の立会所で少し働いたあと、私は個人向けの先物ブローカーになりました。このときの顧客のなかには、非常に頭が良くて、自分のトレードにかなりの自信があり、その考えにしがみついている人たちがいました。彼らは、自分の手法を変えたり一歩引いて考え直したりはしません。また、含み損が出ていても手仕舞わないため、結局、証拠金の限度を超えて強制的に手仕舞わされます。損切り注文もぜったいに置きません。結局、彼らは自分の間違いを認めることができないために、大金を失っていました。これは私にとって貴重な経験でした。早い時期にマーケットに逆らうことはできないことと、自信を持ちすぎてはならないことを学ぶことができたからです。自信過剰は命取りになります。

　私は衝動的なトレードはしませんが、ときどきそうなりかけることはあります。私は視覚的な人間で、何年もかけて何百万ものチャートとチャートパターンを見てきました。そのせいか、ときどき何かのパターンを見つけると、詳しい状況が分からなくてもその全体像のみに基づいて衝動的に売ったり買ったりしたくなることがあります。率直に言って、その結果はまちまちです。結局、最高のトレードは忍耐強く正式なトレード計画を立て、マーケットが仕掛けや手仕舞いの目標値に達してから計画どおりに実行したときにできます。

　ラムジーは、彼のトレード人生における先生やメンターや助言者の役割についても興味深い話をしてくれた。

【ラムジーのコメント】　トレードのメンターといえる人がいたことはありません。私は完全に独学でトレードを学びましたが、本はたくさん読みました。大学時代はあなたのお父さんの本やウエ

ルズ・ワイルダーなどの本を読みした。今、あなたのお父さんの家の隣に住んでいるのは何だか奇妙な感じがします。私はほとんど家にこもってトレードを学びました。そして、最初の仕事場は押し入れのように窓がありませんでした。しかし、そのおかげでマーケットを注意深く見ることを覚え、マーケット間の関係も研究しました。今はバージン諸島に住んでいますが、これはある意味似たような環境です。ほかのトレーダーや解説者などの喧騒から遠く離れているからです。ほかの人に影響されすぎるのはとても危険なことだと思います。それよりも、自分のスタイルや直感力を鍛えていかなければなりません。

デナリではたくさんの調査レポートを買っており、何年も続けて注目しているアナリストもいます。彼らのマーケット予想は、たとえ間違っていたとしても価値があります。例えば、あるアナリストが金を買う良いタイミングだと言ったとします。しかし、その根拠がしっかりしていても、プライスアクションがそれを裏づけていなければ、おそらく買っていた人たちが間違いに気づいて売らざるを得なくなるだろうと想像できます。すると、そこにチャンスが生まれます。大事なことは、他人のトレードの助言を受けるときに、「どこが間違っているのか」と考えることです。そして、もしマーケットがそこに向かえば、反対方向に素晴らしいセットアップができているのかもしれません。

私はトレーダーとして、現段階で毎日トレードする必要はないのですが、それでも毎日トレードしています。そして、今でもトレードを心から楽しんでいます。私にとってトレードは飽きることのないゲームです。とは言っても、ラスベガスには興味がありません。ギャンブルは、統計的な確率を使った作業にすぎないからです。ブラックジャックのテーブルでプレーしても、のめり込むことはありません。私にはエッジもないし、それを磨く時間も

ないからです。しかし、マーケットは違います。この大いに感情的なゲームをたくさんの賢い人たちやコンピューターを相手に戦うことには大きな満足感があります。そのうえ、トレードは、価格に影響する活動が世界中で24時間行われており、マーケットを上下させる複雑な動きも永遠に続いていきます。

　私は毎朝、新たなトレード日に向けて始動するのが好きです。私はトレードの過程も好きだし、挑戦することも好きだし、それを楽しく感じます。そして、毎日大金を掛けたゲームを勝つためにプレーしています。私たちは、それぞれの動機とスキルに基づいて仕事を選んでいます。幸い、私は自分のスキルに合った仕事を選んだようです。

第29章

ケーススタディー――「完璧なトレーダー」
Case Study : "The Perfect Trader"

　最初にはっきりと言っておきたいのは、「完璧なトレーダー」などいないということである。そんな人は存在しない。人は何においても完璧とはほど遠いものなのだ。私たちがみんな持っている不合理で、感情的な部分がトレードのジャマをする。私たちはみんな不注意なミスやバカな間違いを犯す。ときには教訓を得たはずなのに同じ失敗を繰り返すこともある。そのことを理解したうえで、本書で紹介したトップトレーダーの性格特性をまとめて完璧なトレーダーがどのように考え、感じ、行動するかを想像してみることは役に立つと思う。もし完璧なトレーダーを一から作り上げるならば、どのような特性を組み込んでいけばよいのだろうか。

　実は、今回のNEO-ACを使った研究で、トレーダーとして理想的な性格プロファイル、もしくはそれ以上は望めないほど理想に近い結果を出した人がひとりいた。ちなみに、彼は匿名を希望したため、ここではイニシャルのCMで呼ぶことにする。私たちは、完璧なトレーダーのプロファイルとして今回調べたトップトレーダー全員の結果を集計し、平均値を算出したところ、CMの性格プロファイルがほぼこれに一致したのである。ちなみに、彼は長年大きな成功を収めてきたトレーダーではあるが、完璧ではないことはだれよりも彼自身が分かっている。

まず、CMの性格はNが全体的にかなり低かった。特に不安が驚くほど低く（N１＝２）、傷つきやすさは判定不能という低さだった（N６＝０）。

　今回の調査で一貫して見られたパターンのひとつに、トップトレーダーのほとんどは不安と傷つきやすさが低い、ということがあったことを思い出してほしい。しかし、CMの値はそのなかでもだれよりも低かった。不安や恐れは、トレーダーが繰り返し直面する主たる感情なので、N１が低いことはトレードで明らかに有利になる。プレッシャーや緊張感の下でも、CMは簡単に消耗したり自滅したりしない。不安や自己不信に圧倒されないなかで、気を抜かず、集中力を維持することができるCMは、優れたセットアップができたときに、それを見つけて突進することができる。

　実は、CMとの面談で彼もこれと同じことを語っていた。ただ、自分でも神経が太いと感じているCMでも、不安になることはあるという。特に、週末にかけてマーケットが大きく逆行し、自分のトレードに対してできることがなかったり、現状に対してあまり選択肢がないと感じたりするときなどは不安になるということだった。彼は、そのようなときに不安になることは仕方がないことで、トレードから不安を完全に取り除くことはできないとも言っていた。

　CMが、自分とほかのトレーダーの違いだと感じているところを聞いてみると（ここが大事なところだ）、不安を持つことを恐れていないことだという答えが返ってきた。彼は恐れが先行せず、危ない状態に陥ったときに自分が弱腰になるかもしれないことを不安に思うこともない。彼はそのことに左右されない。そのうえ、もし不安になったときも、それがすぐに消えることを知っている。彼は認知レベルでそのことが分かっているため、プレッシャーの下でも感情に引きずられず、そのことがCMの成功の大きな要因になっている。

　もしCMの例から学ぶとすれば、不安を知ることが非常に重要なこ

とのように思える。そう言うと、当たり前で簡単なことのように感じるかもしれないが、それが極めて重要なのである。CMはトレード中にあまり不安を感じないだけでなく、感情に支配されることやそれによってマーケットでの活動をジャマされることを心配しなくてよい。つまり、感情という亡霊に常におびえていなくてよいのである。

　たとえ話で説明しよう。これは果てしなく続く砂漠のなかの道路で、この先160キロは警察が待ち伏せしていないことを知ったうえで運転するようなことである。道路で飛ばすことを勧めているわけではないのだが、警察という最大の恐怖や障害が取り除かれると、運転手はよりスピードを上げることができる。そして意外なことに、次の看板の裏に警察が隠れているかもしれないと思っているときよりも安全に走ることができる。なぜだろうか。次のカーブの先にパトカーがいるかもしれないという思いが頭のすみに常にあるときよりも、運転手は運転自体や道路の凹凸に集中することができるからだ。そして、車と一体化し、状況の小さな変化にも気づくことができる。トレーダーも同じことで、不安がほとんどなければ、感情や疑念に支配されることを心配せずに自由にトレードできるのである。

　CMは、行為（Ｏ４）の点数もかなり高かった。このことは、彼が大きいリスクを好んだとしても、それはスリルや興奮を求めているからではないことを示している。実際、CMは単車に乗ったり、ワニを素手で捕まえたりするなどさまざまなリスクを楽しんできた。「私は昔から挑戦するのが好きでした。ただ、それは競争したいとか、運を試したいからではありません。それに他人に自分の力を示そうとか、ほかの人にまねしてもらいたいなどともまったく思っていません。私がリスクをとるのは、自分の力を確認したいからです。個人的に挑戦したいだけなのです」

　CMは、NEO-AC検査が彼の性格の一面を明確に示したことに感銘を受けたとも話してくれた。彼は、これまで先物トレーダーとして大

きな成功を収めてきたが、トレードする最大の動機は「この難しい課題に挑戦して、それがどれほど難しいことなのかを知り、自分がどこまでできるのかを見るため」ということだった。これと同じようなことを多くのトップトレーダーが言っていた。彼らの目的はスリルや興奮ではなく、多くの人にとっては大金を儲けることですらなく（もちろん儲かったほうがよいが）、熟達すること、あるいはそれを追求することなのである。

次にコンピテンスを見ると、CMはこれもかなり高かった（C1＝28）。これは自信の高さを表している。また、達成追求もかなり高かった（C4＝26）。さらに、CMを含めて協力してくれたトップトレーダーに共通していた特性は、成功したいという純粋な意志の力だった。彼の言葉を借りれば「粘り強さはあらゆる場面で重要です」。CMのような最高のトレーダーは、何にも覆されないほど強い決意を秘めている。彼らは成功するためならば何でもする。そして、そのことがNEO-ACの結果に表れていた。

CMは、秩序のファセットもかなり高かった（C2＝25）。ほかのC2が高かったトレーダーと同様、CMもシステムトレードを多用している。彼自身は「80％がシステムトレードで、20％が裁量トレード」と言っていた。面白いことに、「トレードの講習会や本で教わった規則の多くはまったくの間違い」だったため、彼は自分に合うシステムの規則を自分で考案しなければならなかった。

彼は、マーケットが常に変化しているため、それに合わせてシステムを変えていかなければならないことを認めている。2009年末に金融の量的緩和が行われたあと、彼は自分のシステムをマーケットの新しい状況にうまく適合させることができなかった。そのため、トレーダーになって初めて利益ではなく損失が続いた。しかし、6カ月間も何が起こっているのかが分からなかった。

新しいマーケット環境では、マーケットが10日以上連続して上げる

ようなことが頻繁に起こっていた。CMが何年もかけて作り上げてきたシステムと手法は量的緩和以前のもので、短期で運用するものだった。彼のシステムは新しい環境では有効ではなくなっていたのだ。しかし、彼はまる半年間、突然損失を出し始めた理由が分からなかった。それまで実績のあったシステムが現状に合わなくなっていたのに、自分のシステムに慣れてしまって、一定の規則に従ってトレードするという考えからなかなか離れることができなかったのである。このときは彼のＣ２の高さが原因でかたくなになってしまい、それまでの規則を曲げて新しい規則を作ることができなかったのだろう。しかし、大きな損失を出したことでやっとそのことに気づき、状況を理解した彼は新しいマーケットに合わせた新しい運用基準でトレード方法を調整できるようになった。そのあとは再び成功を続けている。

　ここで重要なのは、誠実性（Ｃ）がかなり高いトレーダーはたとえトップトレーダーであってもそれまでのやり方に縛られ、新しい環境に適応するのが遅れる場合があるということである。そこで、自分が新しいマーケット環境にどれくらいうまく適応できるのかを注意深く見極めることが不可欠となる。ダーウィンの進化論と同じことなのかもしれない。

　「完璧なトレーダー」であるＣＭについてあとひとつ書いておきたい。彼は明らかなバカではないが、実は高校を中退している。つまり、高校の卒業証書も、金融や経済の教育や訓練も受けていないのに、心から情熱を傾けることで驚くべき成功を収めているのである。このことは、マーケットを極めるのに性格と感情を制御することが途方もなく大きな役割を担っていることを示している。成功し続けるトレーダーになるためには、その人の決意や、必要時に適応する能力や、ストレスからの回復力のほうが、学歴やもしかしたら賢さ（知能指数）などよりもはるかに大事なのかもしれない。

メンタルエッジに関するヒント

●ずっと以前にCMが初めてトレードしたとき、彼はすぐに元手の6万5000ドルをすべて失って破綻した。失敗の原因は、ほかの人の助言に従ったことだった。最後に、CMの非常にためになるヒントを紹介しよう。

【CMのコメント】 原因はすべて私の経験不足と愚かさによるものでした。しかし、幸いにも私を信じてくれる友人が2回目のチャンスを与えてくれました。その人には、「君が成功することは分かっている、君は愚直にやり続けるだろう」と言われました。そして試行錯誤の末、自力でトレードの仕方を身につけ、自分にとってトレードしやすいスタイルを作り上げました。自分がやりやすい手法を見つけることがすべてです。振り返ってみれば、最初に完敗したのは私にとって非常に良いことでした。そのおかげで、人のまねをするのではなく、自分のスタイルを作らなければならないことを学ぶことができたからです。最初にうまくいった人は、トレードは難しくない、だれにでもできることだと間違って学んでしまうため、いずれ必ず失敗する、ということも学びました。そして最初にうまくいった人は、いずれ失敗するときが来てもまだ、トレードはさほど難しくないのだからすぐまたうまくいくと思ってしまいます。彼らは、ほかの人のモデルや手法をまねすれば利益は上がると誤解しています。最初にうまくいってしまったからです。私は成功の秘訣を学ぶことができて幸運でした。そのおかげで長年素晴らしいパフォーマンスを上げることができています。

第30章

依存的な性格
The Addictive Personality

　マーケットで正しい手法で投機することはギャンブルとは違う。正しい投機は、やみくもなギャンブルよりもはるかに奥が深い。しかし、その一方で、ウォール街をラスベガスの代わりにしている人たちもいる。この種のトレーダーはマーケットを使ってギャンブルをしているが、このような投資は依存症につながる場合がある。

　依存症は、ある行動（食べ物、セックス、お金、薬物など）が強烈な興奮をもたらし、それが脳の報酬系を刺激することで起こる。その過程で脳の報酬ループと経路が強化されていき、それを駆り立てる行動自体が独り歩きをし始める。依存症の人は、報酬系に刺激を与える（良い気分になる）ためにその行動に駆り立てられるようになる。「薬物」による陶酔感は最初は満足感を与えてくれるが、報酬中枢が薬物を求め続けていくと、刺激は消耗感や喪失感に変わっていく。しかし、依存症の人はその行動が重大な悪影響をもたらすことが分かっていても、それをやめることができない。

　これまで見てきたとおり、成功したトレーダーは難しいことに挑戦したり、自分の精神力を試したりするためにトレードしている。これは掛け金が高いチェスのようなものなのである。一方、依存症のトレーダーは、必要に駆られてトレードしている。彼らの目的は挑戦ではなく、トレードの興奮によってハイになることにある。依存症のトレ

ーダーは、リスクもお金もうまく管理できない。彼らはトレードをやめることができないため、常にトレードしすぎの状態にある。彼らは、トレードすること自体に快感（ハイになる）を得るため、次のトレードを仕掛けずにはいられない。しかし、だんだん薬（トレード）が効かなくなり、「ハイ」の持続期間も短くなっていく。そうなると、彼らはもっと頻繁に、もっとたくさんの薬（より大きいトレード）を使ったり、さらなる興奮を与えてくれる薬（例えば、デイトレード）に手を出したりする。

　ＮとＥがかなり高い人（「不安定な外向性の人」）は特に依存症になりやすく、なかでもＮ５（衝動性）とＥ５（刺激希求性）のファセットの影響が大きい。また、Ｃ５（自己鍛錬）がかなり低い人も依存症的な行動をとるリスクがある。もしあなたの性格プロファイルが依存症のリスクを示していたり、自分がトレード依存症になるかもしれないと思ったりしたことがあれば、ぜひ検査を受けてほしい。自己診断の助けになる質問をいくつか挙げておく。

1．トレードを減らしたりやめたりしようと思ったのにできなかったことがある。
2．身近な人にトレードしすぎで嫌がられたり、トレードをやめるよう直接言われたりしたことがある。
3．トレードすることに罪悪感を持ったことがある。
4．退屈だという理由でトレードしたことがある。
5．人生で興奮することが欲しいだけの理由でトレードしている。
6．以前と同じ程度の興奮を得るためのトレード額がだんだん増えてきている。
7．トレードの頻度が上がっている、次のトレードまでの間隔がだんだん短くなっていっている、1回のトレードの期間がだんだん短くなっているなどのパターンが見られる。

8．トレードの損失が配偶者や子供との関係に問題を来している。
9．トレードの損失が重大なお金の問題を引き起こしている（借金、トレードするために個人資産を売る、破産、家を抵当に入れるなど）。
10．マーケットの取引時間以外に、ほかの大事なことをすべき時間（健康な食事、車の保守など）を削ってトレードのために使っている。

　このなかで、イエスが３つ以上あれば、病的なトレードの兆候があり、依存症になりかけている可能性がある。もし該当するならば、それは深刻な事態であり、資格を持つプロ（精神科医か精神分析医）の診断を受ける必要がある。すぐに助けを求めてほしい。
　そして、助けを受けたあとは、けっしてトレードを再開してはならない。アルコール依存症と同じで、「１杯だけ」でやめられると思って飲めば必ず再発する。脳のなかに常習的なトレードの記憶が確立してしまうと、その記憶は一生、少しの刺激ですぐに元に戻ってしまうからだ。１杯のお酒で完全に再発するのは間違いない。トレードも同じで、次は自制心を持ってトレードしようと決心して再開しても前と同じ結果になる。社会やそのほかの環境のなかのきっかけは強すぎる。そして、脳の経路は訓練されすぎている。トレード依存症になったことがある人は、けっしてトレードを再開できるなどと期待してはならない。

第31章

結論
Conclusions

　本書を読むことで、自分の性格やトレードや人生全般について何かしら学んでくれただろうか。少なくとも、トレードで確実に成功し続ける「トレーダーの理想の性格」などないということだけは覚えておいてほしい。個人的な経験と、世界屈指のトレーダーの性格に関するデータを調べた結果分かったのは、成功したトレーダーにいくつかの共通する特性はあっても、さまざまな性格プロファイルの人がいるということだった。

　私たちの研究によって、成功したトレーダーがみんな完全な同種でないことは分かったが、いくつかの気質（N1とN6が低く、O4がE5よりも高いなど）が普通のトレーダーよりも成功したトレーダーに多く見られることも明らかになった。ある種の特性パターンは、マーケットでトレードするときにかなり有利に働くように見える。反対に、Nがかなり高く、E5も高く、Cがかなり低く、O4がかなり低い人は、マーケットでトレードする仕事に就くとかなり苦労すると考えられる。このタイプの人は大きなトレードを衝動的かつ頻繁に仕掛けたり、ギャンブルのようにトレードしたりする傾向があるため、否定的な感情反応を持ち、それが適切にトレードするという認知作業を妨げる可能性がある。

　本書を読んで、感情を「制御」したり「抑え」たりすることが賢い

トレーダーの目的ではないということは分かったと思う。それよりも、感情を「調節」するつもりで臨んでほしい。NかEがかなり高い人は、自分が感情を強く速く感じやすいことを認識し、それを埋め合わせる何らかの方法を積極的に探す必要がある。ただ、NやEの高さがどうであれ、トレード中にはだれでもさまざまな感情を持つ。そのため、感情が災い（論理的な思考の妨げになれば）にも、恵み（一部の感情に集中し、それを成功するための健全で有意な動機と決意に置き換えることができれば）にもなるということを知っておくことが大事なのである。

　一方、感情が安定しすぎているトレーダー（Nが低い）は、感情にジャマされずに大脳皮質を使って明瞭かつ理性的に考えることができる反面、自分を刺激して本当の情熱を燃やすべきときや、適切に恐怖や不安を感じたりすべきときに、自分の感情にすぐに気づく力が低いかもしれない。このタイプの人たちは、感情が強く警告してくれないため、危険が迫っていたりリスクが大きすぎたりすることに気づきにくい可能性がある。

　あなた独自の性格は、NEO-AC検査を受けることで明確になり、最終的にはそれに基づいて調整していかなければならない。性格はあなたなのである。これがあなたを「あなた」たらしめている。そして、あなたがどのような人かを根本的に変えるのは難しい。大人になってから性格が大きく変わることはあまりない。もしNEO-ACを10年後、20年後に受けても、結果はあまり変わらないだろう（もちろんアルツハイマー病を発症したり、脳に大きな損傷を受けたりした場合は別だが）。そのため、大事なことは五大因子と30のファセットの複雑な組み合わせを知り、自分の強みや弱点を理解し、さまざまな戦略やテクニックを使ってそれに適応していくことなのである。

　ちなみに、感情が安定していること（神経症傾向が低いこと）が安定していないこと（神経質なこと）よりも常に「良い」とは考えない

でほしい。重要なのは、平均からどれくらい離れているかということと、その極端な特性に前向きに適応できるかということなのである。確かに私たちの調査は、優れたトレーダーには不安が低いという共通した特性があることを示しているが、これは普遍的な法則ではないかもしれない。実際、私たちが調べたなかにも不安が低くないトレーダーが２人いた。このように外れ値を付けた不安を感じやすいトップトレーダーは、個人的な経験やコーチングによって、トレード中に沸き上がってくる感情を調節できるようになっていた。

　この適応できるようになるという原則は、すべての特性に当てはまる。成功したトレーダーは、自分の強みを生かすと同時に、弱点による影響を小さくするよう調節することができる人たちだった。そして、自分の強みに最も合うトレードスタイルや手法──例えばシステムトレードか裁量トレードか──を選んでいた。彼らは、自分がどのような人間かということと、全体的なトレードの仕方や考え方と、具体的なトレード手法やトレード計画がうまく一致するところを見つけていたのである。

　自分自身をよく知り、その知識をトレードやそれ以外の人生に適用していくための過程で、あなたが無限の幸せと個人的な満足を得られるよう祈っている。

付録A ── 性格特性のファセットの詳細

N1 ── 不安

かなり高い	極めて神経質で、不安で、緊張しがちで、イライラしやすい。過度に心配性で、不安に陥りやすく、確信が持てず、判断や行動は危険を避けたいという気持ちに左右されることが多い。
高い	何かを危惧したり恐れたりすることがある。ストレスにさらされると特に不安を感じる。
低い	冷静でリラックスしており、うまくいかないかもしれないことをくよくよ悩まない。
かなり低い	当然不安になったり危惧したりすべきときに、それをしっかりもしくは適切に感じとることができない。疑う余地がないほど明らかな危険やリスクや脅しやその影響などを、予期したり、予測したり、正しく理解したりできない。

N2 ── 敵意

かなり高い	激しくて制御困難な怒りや激情に陥ったことがある。過敏で気難しく、ささいな出来事やイラ立ちや非難に対してすぐ怒りや敵意を持つ。
高い	ストレスにさらされると、怒りやそれに近い感情（イラ立ち、敵意など）を持つ傾向がある。
低い	のんきで、すぐには怒らない。
かなり低い	適切な怒りや敵意などの感情を抑制する。相当な嫌がらせや搾取、危害、迫害を受けたとしても、腹を立てたり怒ったりしないことが多い。

N3 ── 抑うつ

かなり高い	常に憂鬱で落ち込んでおり、絶望感を持っている。孤独で、社会的な支えもないと感じている。自分は価値がなく、無力だと考える傾向があり、過度の罪悪感を持っている。不満が多く、自己罰的。自分の人生に満足感や意味が感じられない。自暴自棄になることもある。
高い	大きなストレスにさらされると、罪悪感や悲しみや絶望や孤独を感じる傾向がある。困難な状況になるとすぐに失望し、落胆する。
低い	ストレスの下でも落ち込んだり絶望したりしない耐久力がある。
かなり低い	損失や挫折や失敗の実際のコストや結果を適正に評価できない傾向がある。損失を被ったあとで他人からの支援や共感を求めたり維持したりするのが難しい。

N4 ── 自意識

かなり高い	悔しさや恥ずかしさが強い傾向がある。みんなの前で小さなミスや手抜きが発覚すると、無念、屈辱、恥ずかしい、面目をつぶされたなどと感じる。その結果、社会的な状況を避けるようになり、社会的なスキルが発達しない。自分の身体に関して歪んだイメージを持つことがあり、深刻な場合は本当の自分とは違う人になりたいと思うこともある。
高い	他人といることが不快で、冷やかしに敏感で、劣等感を持ちやすい。
低い	周りと気まずい状況でもあまり気にならない。

かなり低い	周りの意見や反応に無関心。そのため、非常識な行為や、無礼な行動、無分別な行動をとってしまうことがある。社会的に見てとんでもない行動をしても恥ずかしさを感じない。軽薄でうわべだけの人に見える。

N5 ── 衝動性

かなり高い	過剰な飲食や、お金の使いすぎによる借金問題を抱えていることが多い。詐欺やたくらみ、ビジネスや金銭に関する間違った判断などの影響を受けやすい。食べ物、薬物、アルコールなどの過剰摂取やギャンブルのしすぎなど、有害な行動に簡単に走ることがある。自傷や自殺のリスクがある。
高い	あとで後悔するかもしれないのに、欲求や衝動を制御することができない。
低い	苦労せずに誘惑に抵抗でき、欲しいものが手に入らない不満にもかなり耐えることができる。
かなり低い	自分を過度に抑制したり制限したりしている。退屈で、面白味がない人生を送っている。自発性がない。

N6 ── 傷つきやすさ

かなり高い	ちょっとしたストレスでも参ってしまうため、ほんの小さなストレス要因にもパニックを起こしたり、絶望したり、おびえたりする。
高い	自分はストレスに対処できないと感じており、緊急事態に直面すると、依存的になったり、絶望的になったり、パニックを起こしたりする。

低い	困難な状況でも自分ならば対処できると思っている。
かなり低い	非現実的なくらい自分は傷つかないとか危険にも負けないなどと思っている。自分の限界を認識できていない。適切に警戒したり、必要な支援や助けを受けたりしない。病気や失敗や損失を示唆するサインに気づかない。

E1 —— 温かさ

かなり高い	他人に対して、不適切な愛着や、問題がある愛着、有害な愛着などを持ちやすい。規則に沿った中立性や客観性が必要または望ましい状況で、過剰な愛着を示すこともある。他人の心に立ち入ろうとすることもある。性的に魅惑的だったり刺激的だったりする人もいる。過度に自己開示する傾向がある。
高い	愛情深く友好的で、すぐに他人に愛着を持つ。
低い	他人に対して控えめで、堅苦しく、距離を置くため、新しい友情や愛情が簡単に育たない。
かなり低い	他人と個人的で親密な関係を築いたり維持したりするのが非常に難しい。孤立し、他人に興味がなく、他人の気持ちを察することにも関心がない。自分の気持ちを表現することも苦手。

E2 —— 群居性

かなり高い	ひとりでいることに耐えられず、人の存在を過度に求める。現在の関係の深さや質よりも、関係がある人の数や新しい関係を築くことのほうを重視する。

高い	人と一緒にいることが好きで、人数が多いほど楽しく感じる。
低い	孤独が好きで、社会的な刺激を求めない。
かなり低い	社会的に孤立している。社会から引きこもり、はっきりとした社会的なネットワークを持っていない。

E3 ── 断行性

かなり高い	支配的で押しが強く、威張っていて、独裁的で、権威主義。いつも人に指示するが、自分が指示されれば拒否する。
高い	支配的で、強引で、社会的に優位にある。躊躇なく発言し、リーダーになることも多い。
低い	表に出ず、発言はほかの人に任せる傾向がある。
かなり低い	何でもすぐあきらめるし、無力。仕事場では影響力も権威もない。自分の人生に影響する判断ですら意見がない。願望を表したり、他人を制限したりするのが苦手。過度に受け身。

E4 ── 活動性

かなり高い	何事もやりすぎ、興奮し、取り乱し、すぐに気が散る。燃え尽きてしまうこともある。常に忙しくないと気が済まず、空いた時間があるとそれを埋めるためにささいなことや無意味な活動でもする。何もせずにゆっくりしたり元気を回復したりするために休みをとることはない。

高い	テンポが速く、精力的に動く。活力があり、常に忙しくしていなければ気が済まない。
低い	反応が鈍いとか不精なわけではないが、スローでくつろいだテンポでいる。
かなり低い	活動的でなく、怠け、体を動かさず、消極的。感動することがなく、鈍く、無気力に見える。

E5 ── 刺激希求性

かなり高い	無謀でときにはかなり危険な活動に携わろうとする。軽率で、向こう見ずで、不注意な行動をとる。過度な興奮を得られないことにはすぐ退屈する。
高い	刺激と興奮を求める。
低い	スリルを必要とせず、この値が高い人ならば退屈するような静かな生活を好む。
かなり低い	習慣的で機械的で型どおりの活動をして満足しているように見える。生活は退屈で単調でマンネリ化している。

E6 ── 良い感情

かなり高い	過度に感情的で、ささいなことにも大げさに反応することが多い。大きな出来事があると感情を制御できなくなる。人生をバラ色のレンズを通して見る傾向があり、浮ついていることが多く、他人からは幸福、もしくは躁状態に見えることがある。
高い	すぐ笑うしよく笑う。明るくて楽観的。
低い	不幸ではなくても、控えめで、活気がない。

かなり低い	人を寄せ付けず、陰鬱、まじめ、あるいは厳格。楽しいことがあってもそれを楽しめないように見える。不快でユーモアがない。悲観的でもある。

01 ── 空想

かなり高い	空想で頭がいっぱいか、それに気をとられていることが多い。現実と空想を混同している人が多い。夢の世界で生きているように見える。「解離」や幻覚を体験したことがある。迷信的でもある。
高い	想像力が豊かで、積極的に空想の世界を楽しんでいる。
低い	無趣味で、目の前の課題に集中したい。現実的。
かなり低い	空想や白昼夢にはまったく興味がなく、想像力が乏しい。空想や想像にかかわる活動を楽しむことができない。

02 ── 審美性

かなり高い	美への関心または活動に忙しく、社会または仕事で支障を来している。美に関する独特な活動や、特異な活動や、軌道を逸した活動に駆り立てられたり取りつかれたりしている。
高い	芸術や美しいものを高く評価している。詩に感動し、音楽に夢中になり、芸術に心引かれる。
低い	芸術や美しいものに対して比較的鈍感で、関心もあまりない。

| かなり低い | 美学や文化を追求することに理解がない。それらのことには関心もなく、例えば芸術作品を見ても「色がたくさんあるだけ」にしか見えないため、ほかの人と交流したり共感したりできない。 |

03 — 感情

かなり高い	感情に過度に支配されたり気をとられたりしている。常に大げさな気分の状態に自分を置き、一時的な気分に過度に敏感になったり反応したりする。
高い	より深くさまざまな感情を経験し、幸福感も不幸感も強く感じる。
低い	感情が少し鈍く、感情の状態が重要だとは思っていない。
かなり低い	自分の感情にも他人の感情にも無関心。強い感情や重要な感情を経験することはほとんどない。感情が非常に抑制されているように見える。必要以上に合理的。

04 — 行為

かなり高い	予想外の計画を立てたり、予想もしないことに関心を示したりする。仕事や職場を何回も変える。
高い	目新しいことや変化を好む。リスクをとることを恐れない人が多い。
低い	変化やリスクが苦手。確実な方法に徹したい。
かなり低い	日課の変更を避けようとする。日々の手順を決め、それをいつもどおりに繰り返していく。趣味がない。

05 ── アイデア

かなり高い	独特な考えや、常軌を逸した考えや、奇妙な考えに夢中になる。現実検討能力が希薄な場合もある。過度に芝居がかっていたり抽象的だったりする。
高い	哲学的な議論や頭の体操を好む。新しい考えや慣例にとらわれない考えも検討する用意がある。
低い	好奇心が低く、自分の資質を限られた目的だけに集中させようとする。
かなり低い	新たな解決策を評価したり認めたりしない。新しくて、創造的で、革新的な考えを、変わっているとか「正気でない」とみなして拒否する。新しい問題に対しても、古い、失敗した方法を繰り返し使おうとする。単純な問題に具体的な解決策がある場合はうまく対処できる。かたくなに伝統を守り、古風で、伝統的でない新しい見方や文化には抵抗する。

06 ── 価値

かなり高い	代替的な価値体系を常に疑問視し、拒否する。指針となる明快で理論的な信念体系や確信がない。人生における道徳的、倫理的、そのほかの重要な判断を下すときに、気持ちが揺れ動いたり途方にくれたりする。過度に慣例から外れたり寛容になったりすることもある。
高い	社会的、政治的、宗教的価値を再検討する用意がある。
低い	権威を受け入れ、伝統を高く評価する傾向がある。生まれつき保守的。

かなり低い	自分の道徳観、倫理観、そのほかの信念体系に関して独善的で了見が狭い。新たな信念体系を容認できず、拒否する。先入観があり、自分の考えに固執することもある。慣習を過度に守ろうとする。

Ａ１──信頼

かなり高い	うぶで、だまされやすく、「無邪気な目をしている」。信じてはならない人がいるということが分かっていない。不動産や貯金やそのほかの価値があるものに対して現実的で実践的な注意を払うことができない。
高い	他人はみんな正直で善意の人だと考える傾向がある。
低い	皮肉屋で疑い深く、他人はみんな正直ではないとみなしている。
かなり低い	被害妄想的で、ほとんどの人を疑ってかかる。親切で率直な意見や行動に対しても、悪意があると受け止める。友人や同僚や仕事関係の人や近隣の人に不当な扱いを受けたとか、利用された、搾取された、犠牲になったなど事実無根の思い込みをしたり、そうなると危惧したりして激しい議論になることも多い。

Ａ２──実直さ

かなり高い	無邪気に見境なく個人的な秘密や不安定さや弱さを他人に明かすため、搾取されたり損失を被ったり犠牲になったりする危険に自分自身を必要以上にさらしている。抜け目なく狡猾だったり、ズル賢くて、隠し事をするようなタイプにはなれない。

高い	率直で、正直で、純真。
低い	おだてや、ずる賢さや、ごまかしによって他人を操ろうとする。
かなり低い	常に人を欺き、誠意がなく、操作しようとする。自分が利益を得たり、得をしたり、優位に立つために人を欺いたりウソをついたりする。病的な虚言も多く、彼ら自身も誠実ではない。周りも遅かれ早かれ信頼できない人だと気づく。

A3 ── 利他性

かなり高い	過度に私心がなく献身的。自分の要求や権利を考慮したり関心を持ったりしないため、搾取されたり、虐待されたり、犠牲になったりすることが多い。
高い	助けが必要な人を寛大かつ意欲的に支援するなど、他人の幸せに積極的にかかわろうとする。
低い	多少、自己中心的なところがあり、他人の問題に積極的にかかわろうとは思わない。
かなり低い	他人の権利に関してほとんど関心がない。欲深くてけち。他人を搾取したり虐待したりする傾向がある。他人に嫉妬することも多い。他人の要求や感情に対して無関心。非常に自己中心的。

A4 ── 応諾

かなり高い	黙従的で、譲歩的で、従順で、服従的。自分を保護したり防御しないため、搾取されたり、虐待されたり、犠牲になったりすることが多い。攻撃性が低いことや怒らないことや自己主張ができないことを表現するのが苦手。他人を制限できない。

高い	他人の意見に従ったり協力したりする傾向がある。自分の攻撃性や反対意見を抑えようとする。何かあっても許し、忘れる。
低い	攻撃的。協力よりも競争を好む。意見の相違は進んで表明し、怒ってでも自分の言いたいことは言う。
かなり低い	議論好き、挑戦的、権威に抵抗する、ケンカ好き、軽蔑的、好戦的、闘争的、妨害的などの傾向がある。欲しい物を手に入れるために、いじめや脅しや物理的攻撃に転じることもある。他人とうまくやっていけないことが多く、彼ら自身も他人を嫌っている。すぐに嫌いになったり敵意を持ったりする。競争心が強く、頑固で、執念深く、復讐心が強い。

A５ ── 慎み深さ

かなり高い	おとなしくて自虐的。自分の才能や能力や魅力やそのほかの良い資質を自分では評価していないか、認めることができない。
高い	自信や自尊心がないわけではないが、謙虚で控えめ。
低い	自分は優れた人間だと信じており、周りから見れば尊大で思い上がったように見えることもある。
かなり低い	うぬぼれ、尊大、自慢好き、偉ぶる、もったいぶる、などの傾向がある。自分は特別の配慮や扱いや評価を受けるべきだと思っているが、それには値しない場合が多い。

A6 ── 優しさ

かなり高い	思いやりがあり、感傷的で、涙もろい。他人の痛みや苦しみに過度に落ち込んだり、泣いたり、困惑したりする。哀れみや心配な気持ちを他人に利用され搾取されることもある。
高い	他人から必要とされたり、社会政策の人道的側面を強調されたりすると心が動きやすい。
低い	頭が固く、哀れみで訴えかけられても心は動かない。
かなり低い	他人に対して無神経で冷淡で、ときには無慈悲で冷酷になることもある。他人の痛みや苦しみに対して関心も興味も感情もわかない。

C1 ── コンピテンス

かなり高い	完璧主義。自分は完璧で、欠点などないと思っていることもある。ほかのことがほとんどできなくても、特定の分野における自分の能力の価値を過大に評価している。過度の完璧主義によって、課題や業務や責務などを成功させるどころか果たすことさえできないこともある。新しい分野や新しい規律の下で挑戦したり達成したりすることに楽しさを感じない。
高い	人生のなかで何にでも対処できる準備が整っていると感じている。能力も、分別も、賢さも、影響力もある。
低い	自分の能力が低いと思っており、自分が不用意で無能だと認めている。

かなり低い	だらしがない。実際には与えられた課題に対して潜在的に高い（少なくとも適切な）スキルがあったとしても、自分には意欲も能力もスキルもないと考えている。

C2 ── 秩序

かなり高い	秩序や規則やスケジュールや構成を常に気にしている。秩序が気になって余暇も楽しめない。秩序や構成の正しさにこだわりすぎて、目的を達成できないことがある。このこだわりが、友人や同僚をイラ立たせる。
高い	きちんとしていて、きれい好きで、几帳面。物は決まった場所に置く。
低い	片づけが苦手で、自分を散漫だと思っている。
かなり低い	整理整頓ができず雑なことから、結局、場当たり的で手抜きにならざるを得なくなる。

C3 ── 良心性

かなり高い	一定の規則や基準をかたくなに守ろうとするあまり、倫理的ジレンマや道徳的ジレンマを正しく評価したり、認識したり、解決したりできない。枠にとらわれない考え方ができない。道徳的、倫理的原則よりも義務を優先する。
高い	自分の倫理原則に固執し、道徳的責任を厳密に果たそうとする。
低い	倫理や道徳に無頓着。多少気まぐれで信頼できないことがある。

| かなり低い | 頼りにならず、信頼できず、ときには非道徳的になったり非倫理的になったりすることもある。 |

C4 —— 達成追求

かなり高い	人生の大事なことを犠牲にしてでも会社や仕事や生産性に過度に専念する。友人や家族やそのほかの関係を犠牲にして個人的な達成感や成功を追求する仕事依存症。自分に非現実的な高い基準を課す。
高い	望みが高く、人生の目的に向かって努力する。
低い	やる気がなく、なまけることもある。成功を目指していない。
かなり低い	目的がなく、やる気もなく、方向性もない。人生の明確な目標も計画も方向性もない。仕事や願望や家を頻繁に変え、落ち着くことがない。

C5 —— 自己鍛錬

かなり高い	ささいなことや、重要ではないこと、不可能なこと、ときには有害なことや目的に頑固に固執する。プロジェクトや仕事などを一度始めたら、たとえ中止命令が出ても、完成するまで離れることができない。
高い	仕事を完成させるよう自分を動機づけることができる。
低い	与えられた課題をなかなか始めず、やっと始めてもすぐにやる気を失い、完成していないのにやめたくなる。

かなり低い	仕事に就いても情緒不安定で役に立たない。職場では怠慢で、仕事が終わらない。過度に快楽主義で自分に甘い。集中したり注意力を維持したりするのが苦手。予算を立てるのも苦手。健康に悪い習慣がある。不適応な行為を変えることができず、アルコールやニコチンやそのほかの薬物を無制限に摂取することがよくある。

C6 —— 慎重さ

かなり高い	起こり得るすべての結果を熟考したり、くよくよ考えすぎたりして判断が間に合わなかったり、効果を失ったり、そもそも決断できなかったりする。
高い	用心深く意図的。行動したり発言したりする前に注意深く考える。
低い	性急で、結果を考えずに発言したり行動したりすることが多い。
かなり低い	急いでうかつに判断して、有害または悲惨な結果を招くことがある。人生における重要な判断を下すときでも、さまざまな結果や代償を考慮しない。

付録B ── 性格スタイル

幸福スタイル

E－、N＋ 憂鬱な悲観主義者	E＋、N＋ 過度に感情的
暗くて退屈な人生を送っている。人生に楽しいことがあまりなく、たいていのことは苦しみや悩みにつながる。特にストレスにさらされると、鬱病にかかることもある。正常なときでも人生は辛くてつまらない。	肯定的な感情と否定的な感情の両方を強く感じ、それが一方から他方へ素早く揺れ動く。対人関係はすぐ感情的になるため混乱を来すことがある。演技性人格障害の特徴が表れるときもあるが、人生は興奮に満ちていると本気で感じているのかもしれない。薬物乱用障害になるリスクが高い。
E－、N－ 控えめ	E＋、N－ 陽気な楽観主義者
良い知らせにも悪い知らせにもさして影響を受けない。普通の人ならば怖がったり喜んだりすることにも、平然としており関心がない。周りから「冷たい人」だと見られるため、対人関係に苦しむこともある。感情面では刺激の少ない人生を送っている。	問題があってもあまり悩まないため、楽しげなときが多く、人生の喜びを強く感じている。不満や失望を感じたときは、普通の人よりもすぐ怒ったり悲しんだりするが、忘れるのも早い。それよりも、将来に期待を抱き、思いをはせたがる。人生を楽しんでいる。

防御スタイル

O−、N+ 不適応	O+、N+ 過敏
抑圧、拒絶、反動などといった幼稚で効果がない方法で防御する傾向がある。心が乱されるようなことは考えないようにし、危険の可能性（例えば、深刻な病気）をあえて認めないこともある。苦しいと感じてもそれに対する洞察がなく、言葉で表すこともできないため、感情が豊かでないと見られることもある。	無防備に見える。危険に敏感で、起こり得る災難を鮮明に思い浮かべる。悪夢を見ることも多い。考え方が独特で創造的なので、普通でない奇抜な発想で悩むこともある。
O−、N− 低感受性	O+、N− 適応
否定的感情を強く感じることがほとんどなく、そうなったときはその重要性を軽視する。脅しや損失に関してくよくよ悩まず、それを解決するために具体的な行動に出るか、単純にほかに関心を向ける。何か大きな力の存在を信じている。	矛盾やストレスや脅しにすぐに気づき、その状況を刺激として創造的に適応することができる。精神の問題に、知性で取り組む。また、ストレスに対してユーモアや芸術的ひらめきで対応できる。

関心スタイル

O−、E+ 典型的な消費者	O+、E+ 創造的な仲介者
広く人気があるものに関心がある――例えば、パーティー、スポーツ、音楽、大ヒットした映画、買い物、みんなで楽しめるイベントなど。みんなで作業する簡単なプロジェクトのような仕事に引かれる。適職は、例えば販売員。	それまでとは違う新しいことに関心を持つ。発見したことをみんなに伝えたい。人前で話すのが好きで、会議でも活発に発言する。さまざまな経歴の人との出会いを楽しむ。適職は、例えば先生、人類学者。
O−、E− 引きこもりがち	O+、E− 内省的
ひとりまたは少人数でできる活動を好む。冒険心がなく、趣味は切手やコイン集め、ガーデニング、テレビを見ることなど。仕事としては機械関係や家事などに関心がある。適職は、例えば簿記係。	ひとりでできるアイデアや行動に関心がある。読んだり、書いたり、創造的な趣味（絵画や音楽）などに魅力を感じる。やりがいがあるが、他人に干渉されない仕事を好む。適職は、例えば芸術家、博物学者。

怒りの制御スタイル

A−、N+ 神経質	A+、N+ 内向き
すぐ怒り、その怒りを直接的に表す傾向がある。ささいなことでも激怒し、その怒りが長く続くこともある。自意識が高く、他人の自分に関する言動にはすぐに腹を立てるのに、他人を怒らせることについては鈍感なことが多い。物理的に攻撃したり暴言をはいたりする傾向もある。	怒りに対して大きな葛藤がある。すぐに心が傷つき、犠牲になったと感じることがよくある反面、他人の気分を害したくないため、自分の怒りを表したくない。そのため、怒りが自分の内面に向かうこともある。
A−、N− 冷血	A+、N− のんき
「怒らないで、黙って借りを返す」タイプ。腹を立てることは多いが、怒りにのまれることはない。その代わりに、そのことを覚えておき、自分に合った方法とタイミングで敵意を表す。復讐は、暴行に走ることもあるが、どちらかと言えば社内政治を操作したり、人間関係を壊したりするような手口が多い。	すぐに怒らず、怒ってもあまりそれを表さない。侮辱されれば異議を唱えることもあるが、どちらかといえば許して忘れたい。何にでも2つの側面があることを理解し、争いを解決するために合意点を探ろうとする。

衝動の制御スタイル

C−、N+ 統制不全	C+、N+ 統制過剰
自分の衝動に翻弄されることが多い。怒りや欲望に抵抗するのが難しくて苦しいうえ、衝動を自制することができない。その結果、長期的に見れば得策ではない行動に走ることもある。特に、薬物乱用やそのほかの健康リスクにかかわる行動に引き込まれやすい。	自分の行動を制御しなければならないと強く感じ、そのことに苦悩する傾向がある。自分に完璧を求め、細かいところまで完璧でなければ納得できない。非現実的な目標を立てるため、罪悪感を持ったり自分を叱責したりすることになる。強迫観念にとらわれたり衝動的な行動に走ったりしやすい。
N−、C− リラックス	C+、N− 方向性がある
自分の行動を厳密に制御する必要をほとんど感じていない。楽な方法を選び、失望しても達観できる。医師の忠告を守ったり、努力を要することをしたりするためにはかなりの手助けが必要なこともある。	明確な目標を持ち、たとえ不利な状況でもそれに向かって努力することができる。挫折や失望もうまく受け止め、必要なことが満たされていなくてもそれに耐え、行動計画を中断しない。

交流スタイル

A−、E＋ リーダー	A＋、E＋ 歓迎者
自分が輝ける場所として社会的な状況を好む。指示されるよりもするほうが好きで、自分こそが判断を下す人間だと思っている。自慢好きでうぬぼれているかもしれないが、みんなをまとめることができる。	他人と一緒にいることを心から楽しむ。古くからの友人と深いつながりを感じつつ、新しい友人も大いに求める。温厚で同情的で、人の話に耳を傾け、自分の考えも喜んで話す。付き合いやすく、知り合いが多い。
A−、E− 競争者	A＋、E− 謙虚
他人は潜在的な敵だとみなす傾向がある。慎重で、他人行儀で、自分の殻に閉じこもっている。友情よりも敬意を望み、用心深くプライバシーを守っている。このタイプの人と交流するときは、彼らが必要と考える距離を置くことが賢明。	控えめで自分を表に出さない。ひとりでいることが好きだが、同情的で、他人の要求には応じる。頼りになるため、利用されることもある。友人ならば、彼らの関心事に気を配りつつも、プライバシーは尊重したほうがよい。

活動スタイル

C−、E+ 楽しいこと好き	C+、E+ やり手
活力や生命力にあふれているが、その活力を建設的な方向に向けられない。そのため、スリルや冒険や騒がしいパーティーなどで人生を楽しもうとする。突発的で衝動的で、楽しみのために仕事を辞めたりする。	生産的で、効率的で、仕事が速い。何をすべきかを理解し、進んで協力する。自分で自己改善計画を立てて熱心に取り組むことができる。自分のスタイルを人に無理強いすると押しつけがましく見えることもある。
C−、E− 無気力	C+、E− 努力家
熱意がなく、動機になる計画や目標があまりない。受け身で、強く要求されないと反応しない。自分から活動を始めることはほとんどなく、グループ活動やゲームでは取り残されることが多い。	何事も順序立てて行い、目の前の仕事に集中する。仕事を完成させるまでゆっくりだが安定的に作業を進めていく。仕事と同様、遊びも計画的に行う。急がせることはできないが、任せた仕事はきちんと終わらせることが期待できる。

姿勢スタイル

A−、O+ 自由思想	A+、O+ 進歩主義者
批判的な見方をし、伝統にも感傷にも左右されない。すべての見方を検討したうえで、自分で正否を判断する。自分が真実だと思うことは、他人の気持ちを考えずに追求する。	社会的な問題を熟考し、新しい解決策を進んで試す。性善説を信じており、社会は教育や革新や協力によって改善すると思っている。理性と合理性が通じると信じている。
A−、O− 断固たる信念	A+、O− 伝統主義者
社会政策や個人の倫理観は変わらないと強くかたくなに信じている。人の本性にはかなり懐疑的で、社会的な問題には厳格な規律と厳しい姿勢で臨むべきだと考えている。みんな規則に従うのが当然だと思っている。	家族や先祖代々の考えや価値観に基づいてみんなの最善の生き方を探す。みんなが平和に繁栄していくためには、あれこれ言わず確立されている規則に従うのが最も良いと思っている。

学習スタイル

C−、O+ 夢想家	C+、O+ 優等生
新しい考えに引かれ、想像がふくらむが、空想に走って目的を見失うことがある。革新的なプロジェクトを始めるのは得意だが、完成させるのは苦手で、集中力を維持するための手助けが必要になることもある。不確かさやあいまいさを容認できる。	ほかの人よりも頭が良いとは限らないが、勉強好きに加えて熱心で効率性も高い。望みが高く、創造的に問題を解決する。才能（知的能力）に見合った学問的成果を上げる。
C−、O− やる気のない生徒	C+、O− 型どおり
学究的探究や知的探求は強みでも優先事項でもない。学習を続けるには特別な動機が必要。すべきことを整理し、スケジュールを守らせる手助けが必要なときもある。注意力を維持するのが難しい場合もある。	熱心で、几帳面で、系統的で、すべての規則に従う。ただ、想像力がなく、ひとつずつ指示してほしい。暗記学習は得意だが、明確な答えがない問題は苦手。何事もしっかりとした構造と終わりがあることを望む。

人柄スタイル

C−、A+ 善意	C+、A+ 効果的な利他主義者
寛大で、同情的で、他人のことを心から心配している。しかし、計画性や持続性がないため、善意はあってもそれを形にできないときもある。他人に対して親切で寛容になれる。	グループのために熱心に働く。自制心が強く、持久力もあり、みんなのためになることに労力を傾ける。ボランティアでも、困難で報われない仕事を進んで引き受け、完成するまでやり遂げる。
C−、A− 平凡	C+、A− 自己宣伝
みんなの幸せよりも自分が楽で楽しいことに関心がある。意思が弱い人も多い、好ましくない習慣をやめることができない人もいる。	自分の要求や関心が何よりも優先し、それを効果的に手に入れることができる。自分の関心事をひたむきに追及するため、会社経営や政治などで大成功を収める人もいる。

■著者紹介
ジェイソン・ウィリアムズ、医師（Jason Williams, MD）
ジョンズ・ホプキンス大学で訓練を受けた精神科医。下位専門分野として心身医学の研修も受けており、世界的に有名な性格検査NEO PI-Rについては共同開発者のひとりから実施方法と分析方法を直接学んだ。バージニア州北部在住で、精神科の入院患者と外来患者の両方を診療している。顧客のなかには、良い精神状態を保つことで資産の運用効率を最大にしたい富裕層も含まれている。

ラリー・ウィリアムズ（Larry Williams）
フルタイムのトレーダー兼ファンドマネジャーで、世界中の主要な投資会議で講演を行っている。ウィリアムズ％R、究極のオシレーター、COT指数、POIVIなど数多くの指標を考案している。現在は、商品トレードの顧問会社の業界団体である全米先物協会の理事を務めている。株式やトレードに関する7冊の著書があり、『ラリー・ウィリアムズの短期売買法【改定第2版】』『ラリー・ウィリアムズの「インサイダー情報」で儲ける方法』『ラリー・ウィリアムズの株式必勝法』（いずれもパンローリング）の書籍、DVDは日本でも発売されている。

■監修者紹介
長尾慎太郎（ながお・しんたろう）
東京大学工学部原子力工学科卒。日米の銀行、投資顧問会社、ヘッジファンドなどを経て、現在は大手運用会社勤務。訳書に『魔術師リンダ・ラリーの短期売買入門』『新マーケットの魔術師』『マーケットの魔術師【株式編】』（いずれもパンローリング、共訳）、監修に『高勝率トレード学のススメ』『フルタイムトレーダー完全マニュアル』『新版　魔術師たちの心理学』『コナーズの短期売買実践』『システムトレード　基本と原則』『一芸を極めた裁量トレーダーの売買譜』『裁量トレーダーの心得　初心者編』『裁量トレーダーの心得　スイングトレード編』『ラリー・ウィリアムズの短期売買法【第2版】』『コナーズの短期売買戦略』『株式売買スクール』『損切りか保有かを決める最大逆行幅入門』『続マーケットの魔術師』『アノマリー投資』『続高勝率トレード学のススメ』『グレアムからの手紙』『シュワッガーのマーケット教室』『プライスアクションとローソク足の法則』など、多数。

■訳者紹介
井田京子（いだ・きょうこ）
翻訳者。主な訳書に『ワイルダーのテクニカル分析入門』『トゥモローズゴールド』『ヘッジファンドの売買技術』『投資家のためのリスクマネジメント』『トレーダーの心理学』『スペランデオのトレード実践講座』『投資苑3　スタディガイド』『トレーディングエッジ入門』『千年投資の公理』『ロジカルトレーダー』『チャートで見る株式市場200年の歴史』『フィボナッチブレイクアウト売買法』『ザFX』『相場の黄金ルール』『内なる声を聞け』『FXスキャルピング』『プライスアクショントレード入門』（いずれもパンローリング）などがある。

2013年10月2日　初版第1刷発行

ウィザードブックシリーズ ⑳

トレーダーのメンタルエッジ
――自分の性格に合うトレード手法の見つけ方

著　者	ジェイソン・ウィリアムズ、ラリー・ウィリアムズ
監修者	長尾慎太郎
訳　者	井田京子
発行者	後藤康徳
発行所	パンローリング株式会社
	〒160-0023　東京都新宿区西新宿7-9-18-6F
	TEL 03-5386-7391　FAX 03-5386-7393
	http://www.panrolling.com/
	E-mail　info@panrolling.com
編　集	エフ・ジー・アイ（Factory of Gnomic Three Monkeys Investment）合資会社
装　丁	パンローリング装丁室
組　版	パンローリング制作室
印刷・製本	株式会社シナノ

ISBN978-4-7759-7177-2

落丁・乱丁本はお取り替えします。
また、本書の全部、または一部を複写・複製・転訳載、および磁気・光記録媒体に
入力することなどは、著作権法上の例外を除き禁じられています。

本文　©Kyoko Ida／図表　© Pan Rolling　2013 Printed in Japan

ラリー・R・ウィリアムズ

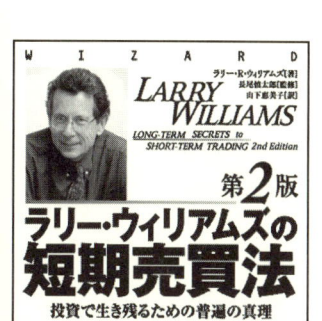

10000%の男

ウィザードブックシリーズ196
ラリー・ウィリアムズの短期売買法【第2版】
投資で生き残るための普遍の真理

定価 本体7,800円+税　ISBN:9784775971611

短期システムトレーディングのバイブル！
読者からの要望の多かった改訂「第2版」が10数年の時を経て、全面新訳。直近10年のマーケットの変化をすべて織り込んだ増補版。日本のトレーディング業界に革命をもたらし、多くの日本人ウィザードを生み出した教科書！

ウィザードブックシリーズ97
「インサイダー情報」で儲ける方法
定価 本体5,800円+税　ISBN:9784775970614

"常勝大手投資家"コマーシャルズについて行け！ラリー・ウィリアムズが、「インサイダー」である「コマーシャルズ」と呼ばれる人たちの秘密を、初めて明かした画期的なものである。

ウィザードブックシリーズ65
ラリー・ウィリアムズの株式必勝法
定価 本体7,800円+税　ISBN:9784775970287

正しい時期に正しい株を買う。話題沸騰！
ラリー・ウィリアムズが初めて株投資の奥義を披露！
弱気禁物！上昇トレンドを逃すな！

ラルフ・ビンス

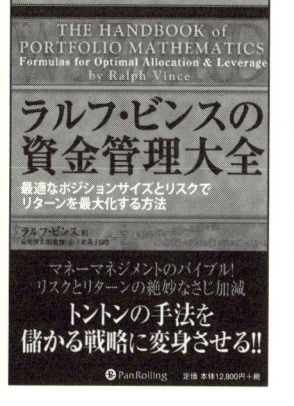

オプティマルfの生みの親

ウィザードブックシリーズ151
ラルフ・ビンスの資金管理大全
定価 本体12,800円+税　ISBN:9784775971185

**最適なポジションサイズと
リスクでリターンを最大化する方法**

リスクとリターンの絶妙なさじ加減で、トントンの手法を儲かる戦略に変身させる!!!資金管理のすべてを網羅した画期的なバイブル！

ローレンス・A・コナーズ

TradingMarkets.com の創設者兼 CEO（最高経営責任者）。1982年、メリル・リンチからウォール街での経歴をスタートさせた。著書には、リンダ・ブラッドフォード・ラシュキとの共著『魔術師リンダ・ラリーの短期売買入門（ラリーはローレンスの愛称）』（パンローリング）などがある。

コナーズの短期売買入門
ウィザードブックシリーズ169

定価 本体4,800円+税　ISBN:9784775971369

短期売買の新バイブル降臨！
時の変化に耐えうる短期売買手法の構築法
世の中が大きく変化するなかで、昔も儲って、今も変わらず儲かっている手法を伝授。また、トレードで成功するために最も重要であると言っても過言ではないトレード心理について、決断を下す方法と自分が下した決断を完璧に実行する方法を具体的に学ぶ。

コナーズの短期売買実践
ウィザードブックシリーズ 180

定価 本体7,800円+税　ISBN:9784775971475

システムトレーダーのバイブル降臨！
システムトレーディングを目指すトレーダーにとって、最高の教科書。トレーディングのパターンをはじめ、デイトレード、マーケットタイミングなどに分かれて解説された本書は、儲けることが難しくなったと言われる現在でも十分通用するヒントや考え方、システムトレーダーとしてのあなたの琴線に触れる金言にあふれている。

コナーズの短期売買戦略
ウィザードブックシリーズ 197

定価 本体4,800円+税　ISBN:9784775971642

検証で分かった
トレーディング業界の常識は非常識！
何十年もかけて蓄えたマーケットに関する知恵、トレーディング業界で当然視されている多くの常識がまったくの間違いであることを、豊富な図表と検証で明らかにしている。

ジェイク・バーンスタイン

国際的に有名なトレーダー、作家、研究家。MBHウイークリー・コモディティ・レターの発行者で、トレードや先物取引に関する約30もの書籍や研究を発表している。ウォールストリート・ウイーク、そして世界中の数々のラジオやテレビ番組に出演し、また、投資やトレードに関するセミナーでも講演している。トレードとタイミングに関するあくなき追及は、トレーダーに新たなツールを提供している。

成功を志す個人投資家の見本

ウィザードブックシリーズ51

バーンスタインのデイトレード入門・実践

| 入門編 | 定価 本体7,800円+税 | ISBN:9784775970126 |
| 実践編 | 定価 本体7,800円+税 | ISBN:9784775970133 |

デイトレーディングの奥義と優位性がここにある!

あなたも「完全無欠のデイトレーダー」になれる!
トレーディングシステム、戦略、タイミング指標、そして分析手法を徹底解明。テンポの速いデイトレーディングの世界について、実践で役立つ案内をしてくれる。
初心者でもベテランでも、一読の価値があるこの本を読めば、新たな境地が見えてくるだろう。

ウィザードブックシリーズ130

バーンスタインのトレーダー入門
30日間で経済的自立を目指す実践的速成講座

| 定価 本体5,800円+税 | ISBN:9784775970966 |

ヘッジファンドマネジャー、プロのトレーダー、マネーマネジャーが公表してほしくなかった秘訣が満載!

トレーディングによる経済的自立を手にするうえで、経済学やファイナンスなどの専門知識や学位は不要である。必要なものは正しい決定を下す意思力、それを順守する規律と行動力である。

アル・ブルックス

1950年生まれ。医学博士で、フルタイムの個人トレーダーとして約20数年の経験を持つ。ニューイングランド地方の労働者階級出身で、トリニティ大学で数学の理学士号を修得。卒業後、シカゴ大学プリッツカー医科大学院に進学、ロサンゼルスで約10年間眼科医を開業していた。その後、独立したデイトレーダーとしても活躍。

ウィザードブックシリーズ 206

プライスアクショントレード入門
足1本ごとのテクニカル分析とチャートの読み方

定価 本体5,800円+税　ISBN:9784775971734

指標を捨てて、価格変動と足の動きだけに注視せよ

単純さこそが安定的利益の根源！ 複雑に組み合わされたテクニックに困惑する前に、シンプルで利益に直結するチャートパターンを習得しよう。 トレンドラインとトレンドチャネルライン、前の高値や前の安値の読み方、ブレイクアウトのダマシ、ローソク足の実体やヒゲの長短など、相場歴20年のトレーダーが体得した価格チャートの読み方を学べば、マーケットがリアルタイムに語りかけてくる仕掛けと手仕舞いのポイントに気づくことができるだろう。

ウィザードブックシリーズ 209

プライスアクションと
ローソク足の法則
足1本の動きから隠れていたパターンが見えてくる

定価 本体5,800円+税　ISBN:9784775971734

プライスアクションを極めれば、隠れたパターンが見えてくる！

トレードは多くの報酬が期待できる仕事だが、勤勉さと絶対的な規律が求められる厳しい世界である。成功を手にするためには自分のルールに従い、感情を排除し、最高のトレードだけを待ち続ける忍耐力が必要だ。

デーブ・ランドリー

TradingMaekets.com の共同設立者兼定期寄稿者。ルイジアナ大学でコンピューターサイエンスの理学士、南ミシシッピ大学で MBA を修得。コナーズに才能を見出され、独自に考案したトレーディング法で成功を収める。公認CTAのセンシティブ・トレーディングやヘッジファンドのハーベスト・キャピタル・マネジメントの代表で、2/20EMAブレイクアウトシステムなど多くのトレーディングシステムを開発。

コナーズの部下

ウィザードブックシリーズ 190
裁量トレーダーの心得 初心者編
システムトレードを捨てた コンピューター博士の株式順張り戦略

定価 本体4,800円+税　ISBN:9784775971390

PC全盛時代に勝つ方法!
PCの魔術師だからこそ分かった
「裁量トレード時代の到来」!
相場が本当はどのように動いているのか、そして、思いもよらないほど冷酷なマーケットで成功するために何が必要か。

ウィザードブックシリーズ 193
裁量トレーダーの心得 スイングトレード編
押しや戻りで仕掛ける高勝率戦略の奥義

定価 本体4,800円+税　ISBN:9784775971611

高勝率パターン満載!
思いがけないことはトレンドの方向に起こる!
トレンドの確定方法を伝授し、正しい銘柄選択と資金管理を実行すれば、スイングトレードの神様が降臨してくれる!?

アレキサンダー・エルダー

ウィザードブックシリーズ 9

投資苑
心理・戦略・資金管理

定価 本体5,800円+税　ISBN:9784939103285

現在14刷

世界12カ国語に翻訳され、各国で超ロングセラー!
精神分析医がプロのトレーダーになって書いた心理学的アプローチ相場本の決定版!成功するトレーディングには3つのM（マインド、メソッド、マネー）が肝心。投資苑シリーズ第一弾。

ウィザードブックシリーズ 50

投資苑がわかる203問

定価 本体2,800円+税　ISBN:9784775970119

ウィザードブックシリーズ 56

投資苑2 トレーディングルームにようこそ

定価 本体5,800円+税　ISBN:9784775970171

世界的ベストセラー『投資苑』の続編、ついに刊行へ!
エルダー博士はどこで仕掛け、どこで手仕舞いしているのかが今、明らかになる!

併せてお読みください

ウィザードブックシリーズ 57

投資苑2 Q&A

定価 本体2,800円+税　ISBN:9784775970188

こんなに『投資苑2』が分かっていいのだろうか!
『投資苑2』は2〜3日で読むことができる本だが、ひとつひとつを実際に試さないかぎり、この貴重な本の内容すべてをマスターすることはできない。『投資苑2』と並行してトレーディングにおける重要ポイントのひとつひとつに質問形式で焦点を当てていく。

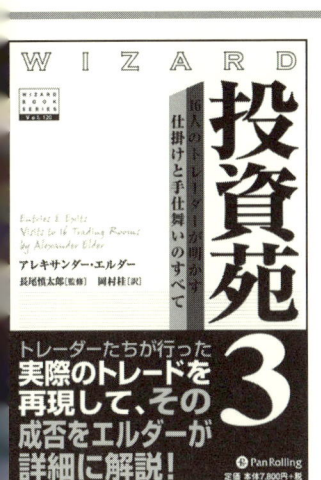

ウィザードブックシリーズ120
投資苑3
16人のトレーダーが明かす仕掛けと手仕舞いのすべて

定価 本体7,800円+税　ISBN:9784775970867

アレキサンダー・エルダー
長尾慎太郎[監修]　岡村桂[訳]

彼らはなぜそこで仕掛け、なぜそこで手仕舞いをしたのか

トレーダーたちが行った実際のトレードを再現して、その成否をエルダーが詳細に解説！　登場するトレーダーはどこにでもいる「まったく普通の人」。彼らがトレードで生活の糧を得るまでになった秘訣とは？

ウィザードブックシリーズ121
投資苑3　スタディガイド

定価 本体2,800円+税　ISBN:9784775970874

アレキサンダー・エルダー
長尾慎太郎[監修]　井田京子[訳]

『投資苑3』の理解を深め、マーケットを征服するための101問

本書に掲載した問題やケーススタディの多くは『投資苑3』に登場したトレーダーが提供してくれているため、『投資苑3』のインタビューと本書を突き合わせることで、効果的なトレーディングスキルが身につき、実際のトレードでの強力な武器となるだろう。

併せてお読みください

ウィザードブックシリーズ194
利食いと損切りのテクニック
トレード心理学とリスク管理を融合した実践的手法

定価 本体3,800円+税　ISBN:9784775971628

アレキサンダー・エルダー[著]　本水謙介[訳]

自分の「売り時」を知る、それが本当のプロだ！

「売り」を熟知することがトレード上達の秘訣。
出口戦術と空売りを極めよう！
『投資苑』シリーズでも紹介されている要素をピンポイントに解説。多くの事例が掲載されており、視点を変え、あまり一般的に語られることのないテーマに焦点を当てている。

システムトレードの達人たちに学ぶ
プログラミング編

ロバート・パルド（Robert Pardo）

使えるシステムの判断法

トレーディング戦略の設計・検証のエキスパートして知られ、プロのマネーマネジャーとしても長い経歴を持つ。マネーマネジメント会社であるパルド・キャピタル・リミテッド（PCL）をはじめ、コンサルティング会社のパルド・グループ、独自の市場分析サービスを提供するパルド・アナリティックス・リミテッドの創始者兼社長でもある。ダン・キャピタルとの共同運用でも知られているパル殿提唱したウォークフォワードテスト（WFT）はシステムの検証に革命をもたらした。トレーディングの世界最大手であるゴールドマンサックス、トランスワールド・オイル、大和証券でコンサルタントを勤めた経験もある。

ウィザードブックシリーズ 167　アルゴリズムトレーディング入門

定価 本体7,800円+税　ISBN:9784775971345

トレーディングアイデアを、検証、適正な資金配分を経て、利益の出る自動化トレーディング戦略に育て上げるまでの設計図。

アート・コリンズ（Art Collins）

シュワッガーに負けないインタビュアー

ロバート・パルドとも親しいアート・コリンズは、1986年から数多くのメカニカルトレーディングシステムの開発を手掛け、またプロトレーダーとしても大きな成功を収めている。
1975年にノースウエスタン大学を卒業し、1989年からシカゴ商品取引所（CBOT）の会員、また講演者・著述家でもある。著書には『マーケットの魔術師【大損失編】』などがある。

ウィザードブックシリーズ 137　株価指数先物必勝システム

定価 本体5,800円+税
ISBN:9784775971048

ウィザードブックシリーズ 90　マーケットの魔術師 システムトレーダー編

定価 本体2,800円+税
ISBN:9784775970522

ジョン・R・ヒル

トレーディングシステムのテストと評価を行う業界最有力ニュースレター『フューチャーズ・トゥルース（Futures Truth）』の発行会社の創業者社長。株式専門テレビ CNBC のゲストとしてたびたび出演するほか、さまざまな投資セミナーの人気講師でもある。オハイオ州立大学で化学工学の修士号を修得。

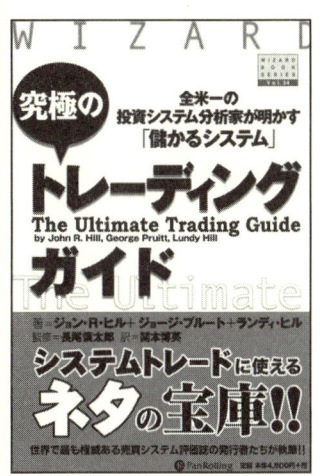

システム検証人

ウィザードブックシリーズ54

究極のトレーディングガイド

定価 本体4,800円+税　ISBN:9784775970157

全米一の投資システム分析家が明かす「儲かるシステム」

この『究極のトレーディングガイド』は多くのトレーダーが望むものの、なかなか実現できないもの、すなわち適切なロジックをベースとし、安定した利益の出るトレーディングシステムの正しい開発・活用法を教えてくれる。最近のトレードの爆発的な人気を背景に、多くのトレーダーはメカニカル・トレーディングシステムを使いたいと思っている。その正しい使い方をマスターすれば、これほど便利なツールはほかにない。

あなたのトレード成績を向上させる秘訣がこの本にある！

● トレーディングシステムベスト10から優秀なシステムを紹介
● トレンドやパターンについても解説
　本書であなたのシステムは進化する

本書P.363で紹介されているシステムポートフォリオの例

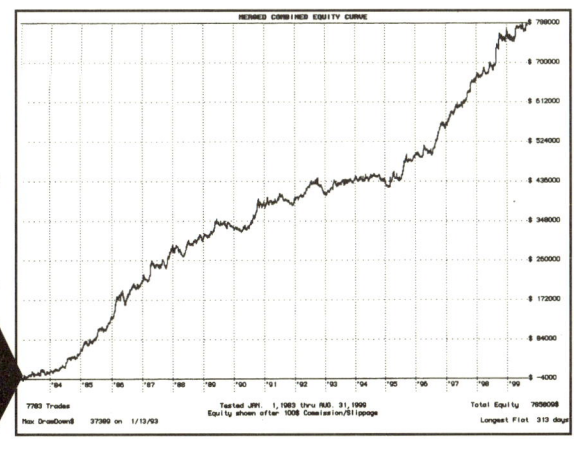

ジャック・D・シュワッガー

現在、マサチューセッツ州にあるマーケット・ウィザーズ・ファンドとLLCの代表を務める。著書にはベストセラーとなった『マーケットの魔術師』『新マーケットの魔術師』『マーケットの魔術師[株式編]』(パンローリング)がある。
また、セミナーでの講演も精力的にこなしている。

ウィザードブックシリーズ 19

マーケットの魔術師
米トップトレーダーが語る成功の秘訣

定価 本体2,800円+税　ISBN:9784939103407

トレード界の「ドリームチーム」が勢ぞろい
世界中から絶賛されたあの名著が新装版で復刻!
投資を極めたウィザードたちの珠玉のインタビュー集!
今や伝説となった、リチャード・デニス、トム・ボールドウィン、マイケル・マーカス、ブルース・コフナー、ウィリアム・オニール、ポール・チューダー・ジョーンズ、エド・スィコータ、ジム・ロジャーズ、マーティン・シュワルツなど。

ウィザードブックシリーズ 201

続マーケットの魔術師
トップヘッジファンドマネジャーが明かす成功の極意

定価 本体2,800円+税　ISBN:9784775971680

『マーケットの魔術師』シリーズ
10年ぶりの第4弾!
先端トレーディング技術と箴言が満載。「驚異の一貫性を誇る」これから伝説になる人、伝説になっている人のインタビュー集。マーケットの先達から学ぶべき重要な教訓を40にまとめ上げた。

ウィザードブックシリーズ 13
新マーケットの魔術師

定価 本体2,800円+税　ISBN:9784939103346

知られざる"ソロス級トレーダー"たちが、率直に公開する成功へのノウハウとその秘訣

投資で成功するにはどうすればいいのかを中心に構成されている世界のトップ・トレーダーたちのインタビュー集。17人のスーパー・トレーダーたちが洞察に富んだ示唆で、あなたの投資の手助けをしてくれることであろう。

ウィザードブックシリーズ 66
シュワッガーのテクニカル分析
初心者にも分かる実践チャート入門

定価 本体2,900円+税　ISBN:9784775970270

シュワッガーが、これから投資を始める人や投資手法を立て直したい人のために書き下ろした実践チャート入門。
チャート・パターンの見方、テクニカル指数の計算法から読み方、自分だけのトレーデング・システムの構築方法、ソフトウェアの購入基準、さらに投資家の心理まで、投資に必要なすべてを網羅した1冊。

ウィザードブックシリーズ 208
シュワッガーのマーケット教室
なぜ人はダーツを投げるサルに投資の成績で勝てないのか

定価 本体2,800円+税　ISBN:9784775971758

一般投資家は「マーケットの常識」を信じて多くの間違いを犯す

シュワッガーは単に幻想を打ち砕くだけでなく、非常に多くの仕事をしている。伝統的投資から代替投資まで、現実の投資における洞察や手引きについて、彼は再考を迫る。本書はあらゆるレベルの投資家やトレーダーにとって、現実の市場で欠かせない知恵や投資手法の貴重な情報源となるであろう。

| マーク・ダグラス | ブレット・スティーンバーガー | アリ・キエフ | ダグ・ハーシュホーン |

トレード心理学の四大巨人による
不朽不滅の厳選ロングセラー5冊！

トレーダーや投資家たちが市場に飛び込んですぐに直面する問題とは、マーケットが下がったり横ばいしたりすることでも、聖杯が見つけられないことでも、理系的な知識の欠如によるシステム開発ができないことでもなく、自分との戦いに勝つことであり、どんなときにも揺るがない規律を持つことであり、何よりも本当の自分自身を知るということである。つまり、トレーディングや投資における最大の敵とは、トレーダー自身の精神的・心理的葛藤のなかで間違った方向に進むことである。これらの克服法が満載されたウィザードブック厳選5冊を読めば、次のステージに進む近道が必ず見つかるだろう!!

ブレット・N・スティーンバーガー博士 (Brett N. Steenbarger)

ニューヨーク州シラキュースにあるSUNYアップステート医科大学で精神医学と行動科学を教える准教授。自身もトレーダーであり、ヘッジファンド、プロップファーム（トレーディング専門業者）、投資銀行のトレーダーたちの指導・教育をしたり、トレーダー訓練プログラムの作成などに当たっている。

なぜ儲からないのか。自分の潜在能力を開花させれば、トレード技術が大きく前進することをセルフコーチ術を通してその秘訣を伝授！

**悩めるトレーダーのための
メンタルコーチ術**

定価 本体3,800円+税
ISBN:9784939103575

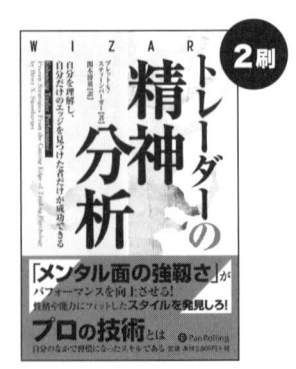

トレーダーの精神分析

定価 本体2,800円+税
ISBN:9784775970911

マーク・ダグラス (Mark Douglas)

トレーダー育成機関であるトレーディング・ビヘイビアー・ダイナミクス社社長。自らの苦いトレード体験と多くのトレーダーたちの経験を踏まえて、トレードで成功できない原因とその克服策を提示。最近は大手商品取引会社やブローカー向けに、心理的テーマや手法に関するセミナーを開催している。

本国アメリカよりも熱烈に迎え入れられた『ゾーン』は刊行から10年たった今も日本の個人トレーダーたちの必読書であり続けている!

ゾーン
オーディオブックあり
定価 本体2,800円+税
ISBN:9784939103575

規律とトレーダー
オーディオブックあり
定価 本体2,800円+税
ISBN:9784775970805

アリ・キエフ (Ari Kiev)

スポーツ選手やトレーダーの心理ケアが専門の精神科医。ソーシャル・サイキアトリー・リサーチ・インスティチュートの代表も務め、晩年はトレーダーたちにストレス管理、ゴール設定、パフォーマンス向上についての助言をし、世界最大規模のヘッジファンドにも永久雇用されていた。2009年、死去。

世界最高のトレーダーのひとりであるスティーブ・コーエンが心酔して自分のヘッジファンドであるSACキャピタルに無期限で雇った!

トレーダーの心理学
定価 本体2,800円+税
ISBN:9784775970737

マーケットの魔術師[株式編]増補版
アリ・キエフのインタビューを収録!
定価 本体2,800円+税
ISBN:9784775970232

バン・K・タープ博士

コンサルタントやトレーディングコーチとして国際的に知られ、バン・タープ・インスティチュートの創始者兼社長でもある。これまでトレーディングや投資関連の数々のベストセラーを世に送り出してきた。講演者としても引っ張りだこで、トレーディング会社や個人を対象にしたワークショップを世界中で開催している。またフォーブス、バロンズ、マーケットウイーク、インベスターズ・ビジネス・デイリーなどに多くの記事を寄稿している。

新刊発売予定!

ウィザードブックシリーズ134

新版 魔術師たちの心理学
トレードで生計を立てる秘訣と心構え

定価 本体2,800円+税　ISBN:9784775971000

秘密を公開しすぎた

ロングセラーの大幅改訂版が(全面新訳!!)新登場。
儲かる手法(聖杯)はあなたの中にあった!!あなただけの戦術・戦略の編み出し方がわかるプロの教科書!「勝つための考え方」「期待値でトレードする方法」「ポジションサイジング」の奥義が明らかになる!本物のプロを目指す人への必読書!

ウィザードブックシリーズ160

タープ博士のトレード学校
ポジションサイジング入門

定価 本体2,800円+税　ISBN:9784775971277

普通のトレーダーがスーパートレーダーになるための自己改造計画

『新版 魔術師たちの心理学』入門編。
「自己分析」→「自分だけの戦略」→「最適サイズでトレード」
タープが投げかけるさまざまな質問に答えることで、トレーダーになることについて、トレーダーであることについて、トレーダーとして成功することについて、あなたには真剣に考える機会が与えられるだろう。